昭和プロ野球の裏側

友情と歓喜のドラマの裏に何があったのか？

衣笠祥雄
江夏　豊
二宮清純

廣済堂新書

カバー写真　スポーツニッポン新聞社／時事通信フォト
昭和54（1979）年11月4日、近鉄との死闘の日本シリーズを制し、広島カープが初の日本一に輝いた瞬間。

はじめに

江夏豊さんが〝長い旅〟に出ていた時である。スポーツ雑誌「Ｎｕｍｂｅｒ」の依頼で「天才・江夏豊の遺産」というタイトルの記事を書いた。

元チームメイトや対戦相手をはじめ多くの関係者から話を聞いた。誰もが「彼は片時もボールを離さなかった」と異口同音に言った。ベンチにいる時ばかりではない。寝る時も常にボールを側に置いていたというのである。

これは阪神時代にバッテリーを組んでいた田淵幸一さんから聞いたのだが、キャンプの宿舎でも江夏さんはボールを手放さず、眠りにつく前、ストレートの握りのまま天井に向け、軽くスピンをかけながらリリースしていたというのだ。

「指先を慣らすことの他に、皮をこすらせることによってマメをつくっていたんだろうな」

田淵さんはそう語っていた。

伝説が生まれた。天井についた黒いシミはわずかに1点。ミリ単位のコントロールは、こうして育まれたのである。

昭和53年（1978）年、広島に移籍した江夏さんは、衣笠祥雄さんという生涯の友を得る。ある日、衣笠さんは聞いた。

「オイ、ユタカ。ピッチャーにとって理想の投球とは何球で終わることや？」

即座に江夏さんは返した。

「27球や。すべて初球で仕留める。これが理想やな」

「何でや。全部三球三振の81球じゃないのか？」

ニヤリと笑い、江夏さんは続けた。

「そんなに投げたら、次の日、野球できへん。27球やったら、また次の日も野球できるやないか。ワシは毎日でも大好きな野球がしたいんや」

その江夏さんに、「もし野球の対談本をつくるなら、相手は誰がいいですか？」と尋ねたことがある。

間髪入れずに、「それならサチ（衣笠）しかおらん」という言葉が返ってきた。江夏さんがボールなら、衣笠さんの傍らには必ずバットがあった。それどころか、夢の中でもバットを振っていたというのだ。

昭和54（1979）年、衣笠さんは深刻なスランプに見舞われ、連続フルイニング出場記録が678試合でストップした。

その頃、世間ではやっていたのがインベーダーゲーム。その画面が夢に現れ、上から落ちてくる爆弾を打ち返そうとして、衣笠さんは必死になってバットを振り続けていたのである。

「一生懸命にバットを振るんだけど、全部、空振りだもの（笑）」

そんな衣笠さんだからこそ、若手や二流選手がしばしば口にする「スランプ」という言葉が許せない。

「あれは単に下手クソなだけ。頑張ってきた人間しかスランプにはなれないんです」

昭和のプロ野球を支えてきた「天才」と「鉄人」の対談である。鬼が出るか蛇が出るか。さあ、お立ち会い。

二宮清純

目次

第二章 「江夏の21球」の裏側
——主役と名脇役が初めて語り合う、昭和プロ野球の名場面

第三章 昭和プロ野球は職人の世界だった！ ――そこには育てる思想、技術の伝達があった！

第四章 優勝の味、優勝の意味
――優勝して初めて分かることがある

序章

歓喜の抱擁

――衣笠・江夏から黒田・新井へ

黒田と新井の抱擁

二宮　２０１６年に広島カープが25年ぶりの優勝を決めたとき、新井と黒田が抱擁したシーンがとても印象的でした。

　映像を見直してみると、あの歓喜の輪の中で黒田も新井も、お互いを探しているように見えます。優勝が決まった瞬間、近くにいる選手同士が抱き合うのはよく目にしますが、ああやってお互いが探してまでというのは初めて目にした気がします。

衣笠　新井、黒田はチームに復帰した目的が一緒だったから、通じ合うものが当然あったんやろうね。

江夏　いったんはカープを去った二人が、広島で優勝すると言って同じ年に戻ってきたわけだからね。

衣笠　新井も黒田も相当に苦しいシーズンだったと思うよ。だって「カープで優勝したいから」と言って戻ってきたのは２０１４年のオフでしょう。それで「これで優勝だ」

とファンも関係者も盛り上がった。

でも15年のシーズンは優勝できなくて、その年のオフにはエースのマエケン（前田健太）がいなくなった。それで「おい、大丈夫か。どうするんだ？」ってみんな思ったわけじゃない。そういうなかで16年のシーズンを迎えたんだからね。

二宮　優勝どころか、ガタガタになる可能性もあるんじゃないかと、ファンは気が気ではなかったと思います。そういうなかで、マエケンが抜けたから勝てなくても仕方ないということではなく、それを乗り越えて優勝するんだと、新井も黒田も苦しみながらチームを引っ張っていった、ということですね。

衣笠　そう、苦しんだろうね。大変だったと思うよ。でも他の若い選手は楽しいシーズンだったに違いない。だって苦しみながら引っ張ってくれた2人のベテランの背中を見て、ただついていけばよかったんだから。

優勝するチームに必要なベテランの力

二宮　昭和54（1979）年、55（1980）年のカープのリーグ優勝、そして日本一というのは江夏さん、衣笠さん、山本浩二さんというベテランが引っ張っていましたよね。そのときと状況が似ていた気がします。

衣笠　昔から言われるんだけど、優勝を争うチームにはやっぱりベテランが必要なんですよ。勝つためには経験を持った人がチームに必要だという定説があって、若い選手だけで勝ったケースはそんなに多くない。だからベテランが引っ張っていって若手が育ったというのがチームの理想形だけど、16年のカープの優勝がまさにそれ。一番いい形の優勝だったと思うね。

二宮　黒田はメジャーリーグ時代に打球を頭部に受けた影響で、ずっと首の痛みなどに悩まされていました。黒田が引退するとき緒方監督が「毎回、交代のためにマウンドにいくと黒田は、（完投できずに）すみません、と言っていた」と話していましたが、満身創痍でもそういう気持ちでチームを引っ張った。まさに男気でしたね。

江夏　ピッチャー、特に大黒柱っていうのはしんどい商売よね。

二宮　黒田もアメリカでは、中4日のローテーションで起用されました。そうなると先発完投にこだわるのは難しい。それで、クオリティスタート（6回3失点以内）を新たな目標にしてマウンドに上がっていたと言います。

球数を減らすためにフロントドア、バックドアと呼ばれる小さく、速く動く変化球を真ん中付近から左右に散らして凡打させるなど、投球術もアメリカで磨き上げた。そういう曲折を経たベテラン投手がチームに加わったのは、広島の投手陣に大変いい影響を与えたのではないでしょうか。

衣笠　いろんな経験をしてきた黒田の影響力というのはすごくあっただろうね。そういう意味では、新井の加入もすごくプラスに働いた。

16年の新井に関しては、緒方監督の使い方が抜群だったと思う。休ませながら使ったじゃない。あれでシーズンを通して新井のコンディションが保たれ、使われたときには試合を決めるような活躍を随所で見せた。これが優勝につながった一つの要因でしょう。

新井の使い方はパーフェクト。緒方をほめてあげたいね。

二宮　昔の広島だったら衣笠さん、山本浩二さんなどの主力選手は、ベテランになってもいつも試合に出ていた。

衣笠　どっちがいいということじゃなくて、今はもう野球のスタイル、考え方が違うんだよね。ベテランや故障がちな外国人は休養させながら状態のいいときに出す、というやり方。これはこれで勝つためには合理的だし、いいと思うよね。

江夏　ベテランを大事に使うといっても、余裕がなければできない。カープにはそれができる戦力があったからできたっていうことも言えるね。

衣笠　新井を10試合も続けて使ったら、おそらくヘトヘトになって打てなくなってくる。でも5、6試合ずつ使っているとものすごく元気がいいということだよね。休ませながら使えばいい働きを見せてくれるんだっていうことに緒方が気がついた。これはいい経験になったと思うね。

優勝して初めて分かる、野球をやっている意味

二宮　さて、そうやって広島を引っ張ってきた両輪のひとつ、黒田投手は16年の優勝を花道に引退しました。そして、翌2017年、黒田のいなくなったカープはどうかと思っていたら圧勝し、2連覇しました。優勝を経験すると選手は大きく成長するということを証明したと言えるとも思います。

衣笠　何を目的に野球をやっているのかと言えば、個人の記録とか何とかではなく、やっぱりチームが勝つこと、優勝なのよ。でも、その本当の意味は、実際に優勝してみるまでは分からない。

二宮　頂上までたどり着かないと登山の本当の喜びが分からないというのに似ていますね。

江夏　確かに優勝して、初めて野球をやっている意味が分かるわな。

衣笠　選手を育てる上で、いろんな苦しい練習をしたりして一段ずつ階段を上っていく

わけだけど、最後の階段があるとしたらそれが優勝というステップだよね。
広島に限らず他のチームでも楽しみな選手がいたら、この選手はどこまで伸びるかなと僕らも楽しみに見るわけ。ところがチームが優勝しないと、なかなかその選手の本当の姿が見えない。優勝のチャンスがきたときに、その選手がどんな働き方をするのか、それが見たいんだよね。

江夏 そこでどう働くかで、その選手の本質みたいなものが確かに分かるな。

衣笠 そう。優勝したらその選手がどう変わるのかが見たいのよね。優勝したらもう一段高いレベルに行かなきゃいけないんですよ。今の広島はまだ日本一になっていないし、17年はクライマックスで終わってしまったし、まだこの上もあるわけだから。

二宮 そうですね。ところで、ちょっとこれ（P21の写真）を見ていただきたいんですが、広島でカープ展というのをやっていたときにこれが飾ってあったんですが、覚えていらっしゃいますか。江夏さんと衣笠さんが今にも抱き合おうかというシーンです。

江夏 これはいつの写真？

二宮 昭和55（1980）年です。日本シリーズ2連覇のときの。

広島カープ、日本シリーズ2連覇達成の瞬間（昭和55年11月2日。広島市民球場）。左から木下富雄、江夏豊、高橋慶彦、衣笠祥雄、山崎隆造、水沼四郎（写真提供：中国新聞社）

江夏　2回目のときやな。
二宮　2回目のときの最後のシーンだと思いますけど。
江夏　パンチョ（木下富雄）がいて、（山崎）隆造がいて。
衣笠（高橋）慶彦がいて。
江夏　2回目の最後、ゲッツーで終わったときだね。
二宮　そうですね。でも普通、バッテリーが抱き合っているシーンはよく見ますけど、一塁手の衣笠さんと江夏さんが抱き合おうとしています。個人的には、黒田と新井が抱き合ったあのシーンに重なるものがあるんですね。

歓喜の中で、お二人にだけに通じ合った気持ちがこの写真の中にあると思うんです。この本では、あの「江夏の21球」に代表されるお二人が成し遂げたメモリアルな出来事はもちろんですが、お二人が経験された挫折や転機となった事件などのあまり知られていない真相、昭和プロ野球の裏側にあったものを、あの時代を強烈に駆け抜けたレジェンドのお二人に縦横無尽に語り合っていただきたいと思います。

第一章

俺たちの昭和プロ野球

――あの人、あの時代に俺たちは育てられた

車だけが話相手だった、衣笠祥雄の入団2年目

二宮 まずはお二人に、若い頃のお話をお聞きしたいのですが、衣笠さん、以前、おっしゃっていましたが、最初はバットを磨くより車磨いていたと。

衣笠 ああ、2年目の話ね。車を磨いているほうが楽しかった。だって人とうまくいかないんだもん。車は文句言わないから。

二宮 人と合わないというのはどういうことですか。

衣笠 野球を一生懸命やっても文句ばっかり言われるんだ、周りから。「そんな人が見てるところだけ頑張ってもダメだ」とかね。

二宮 そんなこと言われたんですか。

衣笠 コーチからも先輩からもさんざん言われた、1年目、2年目は。だけど、それを別に恨みはしなかった。だって、そういうふうに見られても仕方がないようなことをしてきて、すべて自分のせいだということに気づいていたから。ただ、

それなら車を磨いているほうが楽しいやってなったの。
朝早く起きて風呂場でバットを一生懸命振っていたら、「おいキヌ、見え見えでそんなんしてもダメだぞ、今帰ったんか」なんて言われたんだから。

二宮　それは嫌味な先輩ですね。

衣笠　いや、昔ってそんなもんだよ。寝ていたら何かひらめいて、そうか、風呂場なら広いし、誰にも迷惑かけないからバット振ってみようと思ってやっていたわけよ。そうしたら早起きした先輩が、「キヌ、見え見えでそんなんするなよ」って。もうどれほどがっかりしたか。
でもね、時間たって考えたら、ああそうか、あの先輩は自分がそれと同じ道をたどったんだなと。そういうふうに思えるようになったときに、俺も少し進歩したかなって思えたの。

ユニフォームか、免許証か

二宮　衣笠さんがプロに入ったときの1年目の監督はどなたでしたか。
衣笠　白石さん。そのあとが長谷川さん。
二宮　白石勝巳さんですか、巨人から誕生したばかりの広島にやってきたんですね。
衣笠　僕が昭和40（１９６５）年に入って、その年の夏頃に白石さんはお辞めになるんだけど、僕はほとんど話をしてもらった記憶がない。辞められてからお話させてもらって、白石さんってこんな人だったんだって思ったくらい。
二宮　で、次が長谷川良平さん。黎明期のカープの名投手ですね。通算１９７勝です。
衣笠　この人はきつかったけど、僕は結局この人に救われたの。「免許証持ってくるかユニフォームを持ってくるか、どっちにする？」って言われて。
二宮　車か野球か、どっちか選べと。
衣笠　そう。それで免許証を持っていって、これで救われたよね。

二宮　事故が原因だったとか……。

衣笠　今だから言うけど、あれは僕ではなくて、人に貸したらぶつけてしまったということ。でも、あれがあったから、免許証とユニフォームの話が出てきて、僕は初めて野球に危機感を持ったの。野球を取られると思ったわけ。

それまでは、野球というのは僕のもので、誰からも取り上げられないものだと思っていた。ところがプロ野球をクビになるということは、考えたら野球する場所がないんだよ。こんなこと言ったら軟式野球の人に失礼だけど、詰まって打ったら、手が折れるんじゃないかっていうほど「痛えーっ」っていう、これが僕の野球。バットが折れながら手がしびれる。僕が一生懸命追っかけてきた野球はそういう野球なの。ところが、クビになったらこれをする場所がなくなる。それがものすごく怖かった。

自分にがっかりした

二宮　当時、野球選手のステータスと言えば、豪邸と外車ですよね。

衣笠　当時のスター選手は週刊誌なんかのグラビアによく載って、だいたい愛車と一緒に写るんだよ。野村（克也）さんはリンカーン、長嶋（茂雄）さんと柴田（勲）さんがサンダーバード、金田（正一）さんクライスラーとか、スターと言われる人がみんなそういう高級外車に乗っているから、そういうもんだと思っていたの。

二宮　衣笠さんは？

衣笠　僕はフォードのギャラクシー。と言っても中古だけどね。でも、カープの選手でその前に外車に乗ったのは一人ぐらいしかいなかったらしくて、合宿所に乗って行ったら怒られてね。

合宿所の入口にスペースがあって、白石さんのキャロル、横に西川克弘さんのセドリックがあって、その横に僕のギャラクシーを置いた。そうしたら、白石さんのキャロルは軽だから隠れちゃって見えないの。

で、白石さんが帰ってきて「おい、俺の車が見当たらないけど、どこいったんだ」って。それで、俺の車が見えなくなるくらいバカでかいこの車は誰のだっていう話よ。野球もせんで車だけこんなのを買いやがってと、まあ怒られた。だけど、そのときは怒られた意味が分からない。別に盗んできたわけじゃないから。

二宮　自分で買ったわけですもんね。

衣笠　あれが関西や関東の球団だったらそんなに大騒ぎにならなかったと思うんだけど、当時の広島のレギュラーの人たちはみんな日野自動車のコンテッサに乗っていたからね。僕は、プロ野球選手はみんな外車乗っているもんだと思い込んでいたから。

結局、ギャラクシーは3カ月しか乗らずにスカイラインGTの新車に買い換えたんだけど、これがまた顰蹙《ひんしゅく》買ったわけよ。あいつ、またあんなの買いやがったと。

それでもう「あいつは野球やる気がないんじゃないか、何を考えているか分からん」ってなって。だから2年目は人と話をするより、車と話をしているほうが楽しかった時代（笑）。

二宮　うちのおやじがスカイラインGTを買ったときに、ミカン農家でスカイラインGT乗っているのはアンタだけだって、農協から嫌味を言われたのを覚えています（笑）。

衣笠　いや、そのぐらい本当に魅力のある車。だけど、当時そういう話ができる人がいなかったっていうか、僕が反発していただけかも分からないけどね。まあ監督さんはもともと相手にしてくれてないけど、コーチの人に対して僕が反発している時期が1年目、2年目だったんでしょうね。

これが豊（江夏）みたいに1年目から勝っていれば、僕もそういうふうにならなかったと思う。プロ野球へ入って、こんなに周りに野球のうまい人がいっぱいいるのがカルチャーショックで。がっかりしたの、自分に。

二宮　平安高校の4番バッターでも？

衣笠　全然ダメ。あれで結局、野球から逃げたんだよね、気持ちが。そしたら行くところが車しかなかった。だから僕も1年目から豊みたいに成績が残っていれば、もっと野球に打ち込んでいたと思う。

「ピッチャー辞めるか？」

二宮　衣笠さんは昭和40（1965）年の広島入団で、江夏さんはその2年後の昭和42（1967）年に阪神にドラフト1位で入団します。そして、1年目から一軍で起用されて12勝と活躍されます。

1年目の監督は、巨人（当時の東京巨人軍）の初代監督を務めた球界レジェンドの藤本定義さんでしたが、どんな人でしたか。

江夏　自分が入ったとき、藤本さんは60何歳かで、今ならまだ年寄りという年齢ではないけど、あの当時、それくらいの人たちはもうおじいちゃんという感じの時代だから、好々爺の雰囲気だったね。

そのおじいちゃんから、入団早々に「お前、もうピッチャー辞めるか」って言われたことがある。

二宮　そうなんですか。

江夏　そう。もうピッチャー辞めるかって。そしたら村山実さんが、「俺も言われたことあるよ」って、慰めてくれた。1年目の村山さんはすごく親切で、自分が勝つと、「おい、スーツ作ってやる」とか「靴買ってやる」とか、言ってくれて。ただ、2年目からはコロッと変わったけどね。

二宮　それは2年目に江夏さんは25勝も上げて、エースになったということで……。

江夏　後輩というよりもライバルとして見られたんだろうね。
二宮　藤本さんの、辞めるか、というのはどういう意味だったんでしょう。
江夏　1年目のシーズンの4月に北陸遠征があったわけ。まだ昔の金沢兼六公園の中に球場があった時代の金沢で、若生《わこう》（智男）さんが先発だった。1回から若生さんがボロボロで7点ぐらい取られたんだけど、乱打戦になって、最後は阪神が逆転勝ちしたんだよ。
　何番手だったか忘れたけど、石床《いしどこ》（幹雄）、それから交告《こうけつ》（弘利）が行って早々に7点取られたので、3回から自分が行った。そのとき最初に回ってきたプロ2打席目でライトへホームランを打って、その次も二、三塁で回ってきて今度はライト前の逆転打。ニイニイ（2打数2安打）の4打点だったんや。
衣笠　今で言えば二刀流じゃん（笑）。
江夏　そのとき、富山、金沢と回って福井に着いて旅館で飯食っていたら、「おい、ちょっと来い」と監督に言われて、「おい、お前、もうピッチャー辞めるか」って言われたのよ。何のこと言っているのかと思ったら、「お前、バッティングでええやないか」

というわけ。入ってすぐにホームランに逆転打だから。

衣笠　そうか、今なら二刀流で騒いでもらえるのにな（笑）。

川上哲治が最敬礼した藤本定義

江夏　まだ高校時代の名残があったんだと思う。ピッチングのほうは、初めが川崎の大洋戦でスタートして、それから甲子園で先発させてもらった。大洋戦ではスチュアートっていう……。

衣笠　ああ、いたね。大きな人だった。

江夏　あの人にカパーンとホームランを打たれて、3回で5点ぐらい取られたかな。それでたまたまその次に打つほうで活躍したんで、「ピッチャー辞めるか」ってことになったんだろうね。「何を言っとんだ、このクソジジイは」って思ったのよ。

そのときは、藤本監督がすごい人だとは知らなかったのよ。だって一番の監督は巨人の川上（哲治）さんだと思っていたから。

衣笠　そうか、そうだよな。

江夏　それが、1年目のオールスター明けの甲子園の巨人戦で、試合前の練習が終わってベンチに帰ってきて座ったら、藤本監督がフッと立ち上がって「テツー」と声を上げたのよ。何だと思ったら、川上さんがパッとこっちのベンチを見て、昔の軍隊みたいにダーッと走ってきて、帽子をとってあいさつするわけ。

そうしたら藤本監督が、「お前、うちの若いのをつぶす気か」って川上さんに嫌味を言うわけよね。つまり、自分がオールスターで3連投したんだよ。3戦目に大阪球場で大杉（勝男）さんに満塁ホームラン打たれて、あれが大杉さんのデビュー。飯島滋弥コーチの「月に向かって打て！」（大杉が覚醒するきっかけになったアドバイス）の始まりだったわけよ。

こっちにしたら、オールスターに出してもらったことも、あれから新人で3連投なんて見ないんだから、それもうれしいわけよ、打たれたことは別にして。

あとで考えれば藤本さんは駆け引きで言ったんだろうけど、1年目の自分はそんなこと全然分からんから。「テツー」の一声で川上さんが直立不動で最敬礼したのを見たのが、おじいちゃんがすごい監督なんだということが分かり出したきっかけだったね。

二宮 川上さんからすれば巨人の先輩も先輩、大先輩ですもんね。

江夏 いまだに日本のプロ野球で巨人と阪神の監督をしたのはおじいちゃんだけだもんね。当時はそんなプロ野球の歴史、全然知らなかったから。

根本陸夫の存在感

二宮 藤本定義、景浦将、千葉茂と言えば、みんな愛媛の松山商高なんですよね。愛媛県だけでも野球殿堂に9人も入っているんですよね。〝野球の父〟と呼ばれる松山市出身の正岡子規の影響もあると思うんですよね。

衣笠 いや本当ね、別に野球に限らずいろんなジャンルであそこら辺から宇和島にかけて結構、すごい人が出ているのよ。

二宮 藤本さん、広島での初優勝の時に来てくれたと江夏さん、昔おっしゃっていましたね。そういう監督との出会いというのはもう運としか言いようがないですよね。

江夏　野球界に限らずどこの世界もそうだと思うよ、人と人との巡り会いというのは。極端に言えば、世間からはどう思われていようとも、自分にとっていい人だったらいいわけだから。自分にとって本当にいい人と巡り会えるか、会えないかの違いだろうな。
藤本監督も、さっきの「テツー」みたいなところは普段は全然見せないんだよ。本当にいいおじいちゃんだったもんね。

二宮　衣笠さん、広島は昭和43（1968）年から、監督が根本陸夫さんに代わりますね。根本さんと言えば、西武、ダイエーの監督を務められ、そして今で言うGMの草分け的存在でもありました。広岡達朗さんを西武の監督に招聘して常勝軍団の足場をつくったり、豊富な人脈を駆使したドラフトやトレードでの大胆な戦略で、〝球界の寝業師〟などとも言われた方です。
藤本さんとは違う意味で、根本さんも周りから一目置かれるような存在でした。親分気質の方でしたよね。

衣笠　根本さんはグラウンドでの実績はない人だから藤本さんとは違うけど、ただ顔は広いよ。選手が育ってくる時を全部知っている人だから、そういう意味では顔が広い人だった。どこに行っても知り合いがいるのよ。それでいてフランク。偉そうにしない。

二宮　安藤昇（戦後の新興ヤクザとして有名な「安藤組」のリーダー。解散後は映画俳優としても活躍）さんは法大時代からの盟友でした。そのことについて尋ねると、根本さんは私にこう答えましたよ。

「安藤は法政の同期で予科も一緒だったからね。兵隊から帰ってきたときに、皆、集まったんだ。戦後、僕は世田谷の九品仏あたりに住んでいたことがあるからね。東横線だから、渋谷か横浜のどちらかに遊びに行く。戦後の盛り場っていうのは決まっているから、たいてい、そこでやんちゃ坊主が皆、一緒になる。ただ、それも一時期に限っての話。時代の流れっちゅうやつだね」

衣笠　だから目付きが……。

江夏　電車がみんなタダやったけどな、根本さん。

衣笠　あれは驚いたよ。全国どこでも顔で行けたんでしょう。今の時代だったらあり得ないけど、当時はそういう人がいた時代。睨まれると怖かったもん、あの人。

二宮　法大の先輩にあたる関根潤三さんにも根本さんについて聞いています。関根さんからはこんな感想が返ってきました。

「渋谷、新宿の〝親分〟だから、街を歩いていると、その筋の若い衆が『こんにちは』と次から次へと挨拶に来る。あの安藤昇にも会うなり、『おう、昇』と呼んでいたくらいだから相当だよ。僕は先輩なので根本からは『関根さん』と言われていました。周りからは『根本が〝さん付け〟するなんて、どんなすごいヤツだ』と思われていたみたい(笑)」

江夏　自分は根本さんには大きな借りがあった。西武を出るとき、本当は任意引退だったわけよ。任意引退だと西武の了解がなければよその球団に行けない。アメリカにも行けなかった。それで、自由契約にしてくれと。根本さんから、なかなかOKが出なかったけど、最終的には分かったと。「ただし、俺のツラ汚すなよ」と一言言った。それで「分かりました」と。

衣笠　そういう一言だな。そういう人だ。

バッティングの形は関根さんに叩き込まれた

二宮　衣笠さんは入団4年目の昭和43（1968）年からレギュラーとして起用されますが、その2年後にバッティングコーチに就任した関根潤三さんに……。

衣笠　僕なんかは、関根さんに怒られて育った口だから。

二宮　夜中に酔って寮に帰ってきたら関根さんが待っていて、そこから「よし、やるぞ」と練習が始まったという話がありますが。

衣笠　いや、あれは余談みたいなものだけど、関根さんの場合は、形というものにすごいこだわるの。

二宮　バッティングフォームですか。

衣笠　うん。構えから、テイクバックから、足の踏み出しから、もう一つ一つにこだわらなきゃダメなの。僕らは毎日練習しているから、どうしても練習の中では形というより感覚というものに行ってしまう。それはダメだと。形というものをしっかり自分で認識しなければいかんというわけ。
そうすると、自分の形は自分には見えないから、コーチの人が必要になるよね。関根さんには、つきっきりでひたすらバッティングの形を1年間教えてもらった。「お前は頭が悪い」って何回も言われながら（笑）。こっちも一生懸命やっていて、形にならんかなと思うんだけど、なかなかならないんだ、これが。

二宮　関根さん、温厚な好々爺みたいなイメージですけれど……。

衣笠　それはヤクルトの監督時代（昭和62～64年）ね。あのときは怒る必要のないチームなの。原石を取ってきて、今は好きなだけ伸ばせばいいという、チームがそういう時期だった。その後、野村克也さんが来て、伸びた枝を全部、剪定していった。だから、強いチームになったでしょう。

二宮　広澤（克実）とか池山（隆寛）とか、みんな関根さんの時代に育っていきましたよね。

衣笠　完全に放任だもん。失敗しようが何しようが、「池山はあそこまで振らなくてもいいんですがね」というような話しかしないし、一切、怒らない。カープへ来たときは全然違う。関根さん、怖かったもの。

広岡さんに教わった守備の基本

二宮　衣笠さんは守備も名手でしたけど、そこはやっぱり広岡さんに……。

衣笠　もう、守備は広岡さん。結局、僕が23歳のときに関根さんと広岡さんに教えてもらって、結局、これでずっと助かったよね。

二宮　広岡さんは、自らゴロを転がし、それを手で捕るところから始められたそうですね。

衣笠　はい。ゴロの捕り方の練習はヤクルトに行ったときに盛んにやるんだけど、僕らが習った頃は、中学生でも捕れるような簡単な正面のノックばかり。

捕りやすいボールを打って、とにかくボールの正面に入りなさい、スタンスをしっかりつくりなさい、グローブを下から上に使いなさいと、こればかり2年間。この意味が分かったのは、昭和50（1975）年に初めて優勝争いしたとき。あのとき僕は、ファーストからサードへ回ったわけでしょう。

二宮　衣笠さんはバネがあるからサードでも成功するって、ジョー・ルーツ監督はコンバートの理由を語っていますよね。

衣笠　どうなんでしょうね。まあ、とにかくホプキンスを一塁へはめたかったみたい。で、あのシーズンの8月、9月になって優勝が見えてくると、サードを守っていて怖かったな。優勝がかかっていて、一つのエラーが勝敗に影響してくるっていうのに、こっちはサード、素人だもの。

そのとき、広岡さんが毎日、ボールが来たら正面に入れ、下はしっかりスタンスをつくれ、グローブは下から上にしか使えない、と教えてくれた意味が初めて分かったの。結局、守備を教えるときは、これしかないんだよね。

二宮　やはり基本ですか？

衣笠　うん、これしかない。ボールが来たら正面に入りなさい。しっかりスタンスをつくりなさいということは、体勢を低くしろということでしょう。グローブは下から上にしかダメ、上からボールを追いかけちゃいけないっていうのは当たり前だよね。基本はこれしかない。
　あのとき、「そう言えば、広岡さん、こんなこと言っていたな」と、それを繰り返し考えるしか方法がなかった。緊張すればするほど、エラーする確率が上がるわけだから、とにかく自分の気持ちを落ち着かせたかったの。

二宮　修羅場で平常心を保つためには、基本に帰るしかないと。

衣笠　うん。だから、そういうことを23歳かそこらで教えてもらったっていうのはよかったよね。

二宮　鉄は熱いうちに打てじゃないけど、若いときにやらないと基本は身に付かないものなんですね。

衣笠　できるだけ早いほうが楽だよね。だって、変に理屈や方法論を覚えたりしたら、今度、その悪いクセを取っていくのには時間かかるから。

二宮　広岡さんに聞いたら広島時代に苑田聡彦《そのだとしひこ》さんの守備が下手で、苑田さんが一人前になったときに、俺は自信を持ったって言っていましたけど、そんなに下手でしたかねえ（笑）。

衣笠　もともと高校時代からショートだから、そんなことはないと思うけど、僕らが入団した頃のお手本は小坂佳隆（天才的と言われた守備を誇った二塁手）さんだったから、それと比べれば荒っぽく見えたんじゃないかな。

鉄壁の内野陣と言えば阪神だった

二宮　ちょっとマニアックな話になりますけど、あの頃の広島の内野は小坂さんがいて、古葉竹織さん、（古葉と二遊間を組んだ）今津光男さん、阿南準郎さん……と職人的な選手が多かったイメージがあります。

衣笠　今津さんはトレードで中日から来られて、広島に入ったのは僕と一緒の年。今津さん、うまかったね。それで、古葉さんがショートからセカンドに行って、阿南さんが控えに回るわけ。でも、あの当時の内野と言ったら阪神でしょう、三宅秀史さん、吉田義男さん、鎌田実さん。

二宮　鉄壁ですね。

衣笠　だから僕らも話を聞きに行ったけど、何も教えてくれなかったね。吉田さんは同じ京都だから話をしてくれたけど、どうせあの人たちの真似はできないから、どうにもならんよね。

江夏　でも、サチ（衣笠）は三宅さんとやってないよな？

衣笠　やった。昭和42（1967）年に1年だけ。

江夏　1年か。三宅さん、目にボールが当たって（昭和37年の練習中の事故で視力が低下）もう往年の姿ではなかったけども、もうちょっと見たかったな。

遠井吾郎を探しに深夜の街へ

江夏　自分たちが一軍の試合に出始めた頃の阪神は、吉田さんが終わりの頃でセカンドに回って、ショートは藤田平。サードは三宅さんと朝井茂治さん。あと内野は安藤（統《もと》男《お》）、本屋敷（錦吾）。ファーストが藤本克己さんと遠井吾郎さん。

二宮　遠井吾郎さん、懐かしいですね。ニックネームは〝仏のゴローちゃん〟。

衣笠　遠井さん、いい人だったよ。

江夏　本当に、あんないい人いないよな。あの人にだけ、唯一、試合でファーストの牽制でカーブを放ったことがある。そんなことしたら普通は怒るけど、吾郎ちゃんは「豊、真っすぐ放れよ」って、本当にいい人だった。

あの人で思い出すのは、昭和45（1970）年、村山実監督の1年目に、岡山へ遠征に行ったときのこと。マネージャーに岡山出身の人がいたから、その人が遠井吾郎、和田徹、藤田平なんかを連れて飲みに行ったわけよ。そのとき、村山さんが結構厳しくて門限があったんだけど、それにほんの10分ぐらい遅れた。それで、村山さん、その人たちの荷物を玄関に置いたわけ。

衣笠　村山さん、そのときはプレーイングマネージャー？

江夏　そう。みんなちゃんと帰ってきて、10分か15分遅れただけなんだよ。でも、村山さんは入ってきた瞬間、「帰れ！」とやったわけよ。

マネージャーはすぐに謝ったんだけど、その謝っている横で、遠井の吾郎ちゃんが自分の荷物持ってピューーッとまた出ていったわけ。その様子が昔の旅館だから上の階から見えるのよ。もう、みんな拍手喝采（笑）。

それで、夜中の3時頃になっても帰ってこないから心配して、探しに行った。山尾（孝雄）さんという外野手が旅館の車を借りてきて、自分が横に乗って。そうしたら岡山の駅前の深夜喫茶の一番奥で寝ていたんよ。吾郎ちゃんの重い体を一生懸命引きずって、旅館に連れて帰ったのを覚えている。まあ、愉快な人だった。

二宮　昔は規格外の選手が多かったですね。

衣笠　時代的にのどかだった。だけど、こだわりを持った人も多かったね。

今の時代、よく個性、個性と言うんだけど、「あんたの個性って何？」っていう感じになるじゃない。あの頃の人って、この人はとにかくうまいなとか、あの人はああいうプレーがしたいんだなとかいうのが、外から見ていてよく見えたよ。

試合中に「はよ終われ」と言った朝井茂治

江夏　阪神に入った1年目だけ一緒で、カープに移籍した朝井茂治。あの人もうまかったよな、真剣にやればね。

衣笠　真剣にやればって、あれだけちゃらんぽらんな人はいなかったから。

江夏　ほんまにちゃらんぽらん。自分が1年目のときの夏場の巨人戦に投げたときだったと思うけど、そのときに茂やん、デートがあったらしいんだよ。

巨人のピッチャーが高橋一三《かずみ》さんのときかな。ゼロゼロか、イチイチの同点で7回ぐらいになったら茂さんがマウンドに来て、「豊、お前、はよ終われ」って。それで俺に回ってきたら決めてやるみたいなことを言って、本当にホームラン打ったんだ、後楽園で。サンイチか、ニイイチかで勝ったんだよ。結局、その日は一緒に連れてってもらったんだけど、ちゃらんぽらんにかけては天下一品（笑）。

二宮　夜の街に出て早く飲みたいんですか？

江夏　いやいや、こっち。

二宮　ああ、女性ですか。野球よりもそっちが好きだったと（笑）。

江夏　そう。10円玉持って電話かけたら、合宿に電話が1台しかないのにずっとかけているんだもん。最後は芸能プロに行って仕事やっていたね。

衣笠　バッティングは性格と一緒で、当たるか、当たらないかはバットに聞いてくれというタイプなんだけど、真剣にやると、本当に守備はうまかった。やっぱり三宅さんの守備を見ていた人なんだと思ったね。

二宮　真剣にやると、ですか（笑）。

江夏　あの人が最初だったな、日本のプロ野球選手で体にメスを入れたのは。肘の軟骨の手術。取った軟骨をアルコールに入れて、いつも持っていた。とにかく、俺にとっては、やっぱり忘れられない人だったよね。お金も相当貸したけど、でもまあ愉快な人で、それだけいろんな思い出をつくらせてくれたから。

「行くぞ」と言われたら断れない時代

二宮　個性派どころじゃないですよね。衣笠さんが入ったときの広島はどうでした？3年連続20勝の大石清さんは一緒にプレーされていますよね。

衣笠　僕は一世代違うからあまり接点がないのよ。僕らが入った頃のカープには、僕らの上に中間の世代もいなかった。おかげで僕らの時代っていうのが比較的、早く来たわけよね。

二宮　昭和43（1968）年から東洋工業（現マツダ）が筆頭株主になって、広島東洋カープとなりますね。そのタイミングで根本（陸夫）さんが監督になり、世代交代の歯車を回したわけですよね。

衣笠　あそこで変えざるを得なかったんだね。だから、僕は21歳で一軍のゲームに出させてもらうんだけど、22歳のときに浩二が来て、水沼（四郎）が来て、水谷（実雄）、三村（敏之）ともうそこで昭和50年の初優勝メンバーが5人揃うわけです。強いて言えば、あの当時のレギュラーで初優勝のときまで生き残ったのは山本一義さんだけじゃない？

二宮　確かにそうですね。初優勝時は水谷実雄さんと交代でレフトを守っていましたね。

衣笠　僕らの世代までいきなりドーンと落ちちゃったから、上の世代と過ごした時間はあまりなかったの。ただ、僕らの世代は、「おい、行くぞ」って言われたら「はい」しかない時代だから、上の人たちは怖かったけど。

二宮　「今日はちょっと……」なんて言えない。

衣笠　言い訳なんか一切きかない。「すいません、ちょっと用事が……」なんて言ったら、間違いなくカーンってくる。だから、人と約束しても突然お誘いがきたら断らなければいけないいから、約束なんてできないよね。かと言って、今日は誘ってくれるかな、なんて思っていたら全然声が掛からないし。本当に難しかった（笑）。

1年目は三振ばかり狙っていた

二宮　江夏さんは阪神時代、新人のときから主力投手としてマウンドに上がっていました。その意味では、いわゆる下積みはなかったですよね。

江夏　ルーキーの年（昭和42年）に200イニングちょっと投げて、その翌年（43年）は329イニング放ったのかな。幸いなことに、プロ入り当初から中3日、4日とかでバンバン使ってもらえたからね。

二宮　高卒ルーキーで12勝13敗といきなり2ケタ勝って、防御率も2点台（2・74）。

2年目は勝ち星倍増の25勝（12敗）。この時、記録した401奪三振は今でもNPBレコードです。

江夏　1年目から一軍で投げられるような自信もなかったけど、幸いにして放らせてもらった。それで、あの頃の阪神は打てないチームだったし、自分の場合はやっぱり村山実という自分の原点がいて、ああいうダイナミックなフォームでバッタバッタと三振を取りたい、力で抑えたいということで頭の中が完全に埋め尽くされていたわけよね。

もう、力一杯放って9回を抑え切って勝ちたいと。だけど、全部三振を狙いにいって9回放ったら何球になる？

二宮　一人3球で終わっても81球。でも、そんなことは不可能ですよね。シーズンを通して投げるには、球数を減らす必要があると。

江夏　そう。コントロールのないピッチャーが何も考えずに三振ばかり狙っていくわけだから、毎試合150球とか160球とか、登板のたびにそれくらいの球数をすべて全力で放るわけよね。

そうすると、6月、7月あたりまでは何とかいけるけど、それを過ぎてからの体の疲労度がものすごかった。投げた日の夜なんかは、寝ようにも体がカッカして寝られない。それに気づいたのが2年目の夏場。それで何とか球数を減らさないかんと考えるようになったわけ。

体がもたない――300イニングのつらさ

二宮　周囲からはのアドバイスは？

江夏　一人に最低3球。そこにボール球が入れば、5球、6球は投げる。それを1回からずっとやっていたら6回くらいでバテてくるわけよ。そんなピッチャーじゃつまらんじゃないかと、村山さんをはじめ1年目のピッチングコーチだった川崎の徳（徳次）さん、それから、おじいちゃん（当時の藤本定義監督）にも言われた。「お前、三振を取るんじゃなしに、1球、2球で相手バッターを凡打に打ち取る。そういう技術を身につけろ」と。

要するに、コントロールだよね。若いときは、藤本さんから「何球投げるんや」って言われても、たとえ一人の打者に6球、7球放っても三振取りたいんやと言っていたけど、実際問題、1年目で200イニングちょっと投げてみると……。

二宮　2年目は329イニング投げていますね。

江夏　そりゃしんどかったよね。それまで高校の3年間しかやっていないわけだから。高校時代は大会のときに投げるだけだったのが、プロ入ってからは2月1日のキャンプインからシーズンが終わる10月まで投げてばっかり。こりゃしんどいなと、なるよね。

2年目からは中3日、中4日で登板させてもらったけど、そのペースで毎試合150球、160球と放るんだから。10試合ぐらいまでだったら何とかなるけど、6月、7月になってくると、体も続かないわけよ。そこからだよね、本当に自分でコントロールを良くするための考え方、練習のやり方、そういうことを真剣に考え始めたのは……。

それまでは、とにかく自分はこうやりたいんだという考え方だったから、コーチや諸先輩からいろんないいアドバイスはもらうんだけど、なかなか聞けない。でも、こんなことをやっていると体が続かないということを自分で体験して、いかにコントロールが大事かということを覚えたのが2年目の夏場。6月、7月に体が爆発してしまってからだね。1球、2球でバッターを凡打に打ち取る制球力ということを真剣に考えないと体がもたなかった。

二宮　2年目に記録した401奪三振はおそらく、今後破られないでしょう。

江夏　三振を400取るなんていうのはすごいというより、体のことを考えたら問題外だけど、やっぱり300イニングを投げるというのがしんどかった。しかも、当時はまだ130試合で、優勝チームが決まったらもうあまり投げない時代だから、実質は115〜120試合。それで、そのイニングを投げるんだから、並大抵じゃない。でも、昔のエースと言われた人たちは、みんなそれをやってきたんだよ。

二宮　今、200イニング投げたら大エースだけど、当時は300イニング。稲尾和久さんなんか2回も400イニング以上投げていますね。

江夏　そう。それを投げるためにはどうしたらいいかと考えれば、やっぱりいかに球数を減らすか。それは真剣に考えたよね。そのためには、低めに投げる。そしてコースに投げる。これしかないんだよ。

コースは技術、高低は気持ち

二宮　なるほど。球数を減らすにはコントロールだと、2年目の夏に気がついたと。
江夏　そこから練習しているうちに分かったのは、低めに投げるというは、技術じゃないんだということ。
二宮　低めに投げるのは技術ではないんですか？
江夏　そう、高低というのは気持ち。気持ちがなければ、ボールは低めに行かない。「低めに投げるんだぞ」という気持ちが大事。気持ちがなければ無理でしょう。
二宮　でも、気持ちを裏付けるには、技術が要るのでは？
江夏　技術が要るのはコース。コースというのは技術で投げ分けるわけ。でも、低めに投げるのは技術じゃない。技術よりも気持ち。まず、低めに投げるんだという強い気持ちがなければ、低めには行かない。気持ちを低めに持っていくというのが大事。
二宮　コースは？

江夏　これは技術。
二宮　高低は気持ち。
江夏　気持ち。
二宮　これはすごいな。とすると、低めに投げられないピッチャーはたくさんいますが、「気持ち」に問題があると？
江夏　いや、気持ちはあっても、気持ちの持ち方が間違っているんじゃないかな。いくら低めを狙っても、力任せに投げているうちは低めにはいかない。ピッチャーは低めに放ってナンボだということを本当に分かって放らないと。
衣笠　だから、昨今は特にピッチャーのボールが全体的に高いよね。全体のホームラン数がどんどん増えているでしょう。
二宮　昔に比べピッチャーのコントロールが悪くなっている？
衣笠　悪い。全体的に高いもの。
二宮　衣笠さん、以前、横浜と巨人の試合で乱打戦になったとき、テレビで怒っていましたもんね。

江夏　低めにいかないのは、低めに投げようという意識が弱いか、力一杯投げたいかのどちらかだよね。力一杯放るとコントロールがきかないから。特にセ・リーグのピッチャーのボールが高い。セ・リーグのほうがホームランが出やすいとバッター連中が言うのは分かるよね。横浜なんかは特に風が強いから、球が高いと芯に当たったら全部持っていかれてしまう。

いいピッチャーは無駄がない

二宮　江夏さんが三振を取りまくっていた頃、もちろん初速は速いわけですけど、終速も速かった。後ろが速かったという話を当時のバッターからよく聞きます。

衣笠　ピッチャーの手から離れたときとホームベースを通過するときの差ね。同じスピードでもこれが少ない人ほど速く見えるのは確かだね。

二宮　衣笠さんの現役時代で言うと、江夏さん以外で初速、終速の差が少ないピッチャーというと？

衣笠　僕らのときにボールが速いっていったら、阪神の江夏はもちろんだけど、広島で言えば外木場（義郎）、大洋の平松（政次）も速かった。巨人の堀内（恒夫）もいい日は速かったし。ちょっと下の世代にいくと中日の小松辰雄とか。

二宮　中日の鈴木孝政も速かったでしょう。

衣笠　孝政も速かったな。与田（剛）も中日に入ってきたときは速かった。だけど、じゃあ、そういう投手を全く打てなかったのかっていうと、そうじゃない。だんだん慣れてくるよね、ストレートは。

二宮　速さに慣れてくる？

衣笠　うん。だから、さっき江夏が言ったように、コーナーへそれを投げ分ける技術を身に付けた人が最後まで残ってくるよね。

二宮　江夏さんのボールは初速と終速の差が小さいから、伸びてくるように感じられると。しかも同じ150キロでも、アウトローに決まる150キロだから、バッターは手が出ない。

衣笠　そこへ狙って投げられるだけの技術だね。豊の場合はとにかくバランスがいいのよ。

豊の場合は「今日はちょっと調子悪いな」という日が、なかなか見つけられない。特にボールの速いピッチャーは、どうしてもバランスがおかしいのが見える日があって、今日はいただきだなということがあるものだけど、それが見つけにくいピッチャーだったね。結局、体の使い方だと思うんだけど。

フォームの話で言うと、結局、ピッチャーがボールを投げるというのは回転運動でしょう。その回転をうまく覚えている人が長くやっているよね。稲尾（和久）さんの投げ方を分解写真で見ると、どこで力入れてるの？　っていうぐらい、理にかなっているフォーム。本当にうまいこと体を回転させているもの。

二宮　衣笠さんは、現役時代に稲尾さんと対戦したことは？

衣笠　広島でやった二軍戦で1打席だけ。ライトフライだった。でも、あれはやったうちに入らんよね、肩を壊した後だから。

二宮　でも、雰囲気はあったでしょう？　稲尾さん。

衣笠　それはもう、ライオンズの24番に興奮したもの。稲尾さん、のちにいろんな話を聞かせてくれたけど、結局、稲尾さんはボールを投げるということに関しては全く苦労してないんだよね。もう体に染み付いている。ただ、バッターが何を考えているのかが分からなかった、というような話をよくしてくれたね。

二宮　それ、長嶋さんじゃないですか？　何を狙っているのか分からなかったという話を聞いたことがあります。

衣笠　いや、長嶋さんはもう代表というか別格だろうけど、やっぱり自分がこうやって考えているのに相手が何も考えてないとき、つまり新人選手なんかが嫌だったと言っていたね。

二宮　衣笠さんはレジェンドとも対戦されていますけど、たとえば、金田正一さんなんかはどうでした？

衣笠　金田さんも、もうジャイアンツのユニフォームを着て、終わりのほうだったからね。ただ、一番いい時代の分解写真を見ると、やっぱり金田さんや稲尾さんみたいな大投手というのは、みんな体の使い方がうまいんだよね。振りかぶってからボールが出てくるまでの足の出方、手の位置、体の回転と本当に無駄がない。

四隅のボールは打てないようになっている

二宮　コントロールの話に戻しますが、いろんなピッチングコーチがいろんな言い方をします。コントロールは先天的なもの、いやいや、鍛えればコントロールは良くなる。では、どう教えればいいのか……。

失礼ながら江夏さんも高校時代はノーコンだったと、ご自身でおっしゃっていた。それがプロに入って、途中からミリ単位でボールをコントロールできるようになった。とすると、コントロールは先天的なものではなく、後天的なものだということですね。

江夏　自分は本当にコントロールの悪いピッチャーだったもん。サチも知っているけど、コントロールに関してはひどいピッチャーだったからね。

二宮　それは練習によって克服されたわけですか。

江夏　そう。フォームのバランス、そして精神的なもの。精神的なものというのは、要するに安心感ね。これはやっぱり阪神時代にキャッチャーのダンプ（辻恭彦）さんが、

「ここ（アウトロー）で間違いなくストライク一つ取れるよ」って言ってくれた、あの一言でやる気になったよね。

つまり、ある程度ホームランを打てるバッターは、1球目からアウトコースの低めは絶対に振らないと。ストライク一つ確実に取れるよって言ってくれて、その言葉に魅力を感じた部分があったんだろうと思う。

二宮　ダンプさんは江夏さんがルーキーの頃からボールを受けていた。

江夏　そう。「もっと三振が取りたい」とダンプさんに言ったら、じゃあ、真っすぐのコントロールをつけろと。それで最初にアウトローへの投げ方を覚えて、そのあと他のところも覚えていったよね。

二宮　衣笠さんは江夏さんの二つ先輩ですけれども、江夏さんが1年目から2桁勝ち、2年目は25勝してという中で対戦されていますよね。最初の江夏さんの印象はどうでしたか？

衣笠　いや、最初は僕もレギュラーをとるのに必死の頃だから、そんなことを考えている暇もなかった。ただ、左ピッチャーは教科書どおり右に打てばいいんだと思って、1

年目だけは3割1分3厘打ってるよ。でも、2年目からはもう1割あるか、ないか。

二宮　3割1分3厘。よく覚えていますね。

江夏　すごいな（笑）。

衣笠　1年目だけよ。なぜ次の年から打てなくなったかというと、欲。インサイドでもアウトコースでも、豊が一番これだっていうボールを投げて、それを打ちたいと思ったの。でも、そんなものは打てないようになっているのよ。

二宮　四隅にきれいに決まったようなボール。

衣笠　そう。結局、そこが野球の面白いところでもあるんだけど、バッターとしては落とし穴だよね。

二宮　四隅にきれいに決まったボールはやっぱり打てないものですか？

衣笠　打てない。バッターというのは、真ん中のボールを打つのがバッター。メジャーで4割を記録（通算3割4分4厘）した最後の打者、テッド・ウィリアムズのチャートを見ても、真ん中を打ったときの打率は5割近くあるけど、アウトコースの低めは2割3分しかない。

二宮　王貞治さんも四隅は打てないと言っていましたね。

ピッチャーのボールは二つ、バッターのボールは一つ

衣笠　四隅のボールというのは、難しい打ち方をしなきゃいけないわけよね。で、そもそもバッターというのは三つストライクを持っているわけでしょう。ただし、二つはピッチャーのボールで、一つはバッターのボールなの。

二宮　面白いですね。ピッチャーのボールは二つで、バッターは一つ。つまり1球しか打てるボールは来ないと。

衣笠　そう。だから、バッターは1球で仕留めなきゃいけない。

二宮　打てるボールは2球も3球も来ないと。

衣笠　ないない。いいピッチャーになると、時々、三つともピッチャーのボールになるときがある。そのときは、いかにそれを引きずらずに頭を切り替えるか。「たまたま三つ行ったんだよ」で終わってしまわなければいけない。本来なら、バッターのボールが

一つはあるはずなんだから。

二宮　一つも来ない日があると。

衣笠　そんな日もあるけど、もうこれは仕方がない。それから、相手の作戦に乗せられてボール球を振らされたら、もう自分の打つボールはないよね。だから、いいピッチャーになればなるほど、いかにボール球を振らせるかということになる。

僕がキャッチャーで入った頃によく言われたのは、リードするときは、ストライクをボールに見せて、ボールをストライクに見せろと。本当にそうなんですよ。いかにボール球を相手に振らすかによって、バッテリーは主導権を完全に握れるわけ。要は、いかにファウルを打たせるか。それがカウントを稼ぐ一番の近道だから。

ケガと病気に苦しんだ江夏豊の阪神時代

二宮　江夏さんは入団2年目には25勝を挙げられ、401奪三振の記録もつくられた。その後もONとの名勝負などファンを沸かせながら、エースとして順調な道のりを歩んでいたように映りました。

江夏　昭和46（1971）年までは何とか結果は出ていたけどね。ただ、そこまでも全く順調ではないよ。3年目で肩をやり、4年目で肘、5年目でここにきた。

二宮　心臓に。

江夏　だから3年目からはケガとの戦いだよね。五体満足でやれたのは2年間だけだった。でもそこはやっぱり自分で工夫して。工夫するというのは考えるということだから。それはいいことだし、必要なことだよね。

二宮　ケガもなく、心臓も悪くならなかったら、そのまま三振を取りまくるピッチングを10年ぐらいやっていたかもしれない。

江夏　10年は持たんでしょ。あれだけのイニングを放っていたら。

二宮　短命で終わっていたと。

江夏　あれだけよくもったと思うよ、自分でも。5年目のシーズンが始まってすぐに急性の盲腸（虫垂炎）をやって、今ならすぐに手術だろうけど、当時は手術してくれなかった。シーズンが終わるまで薬で散らして、シーズンが終わった次の日に入院して、その年ちょうど相撲界で横綱だった玉の海さんが同じ病気で亡くなったのよ。

普通なら30分かからないのに、俺は腹膜炎を起こしていたから3時間ぐらいかかった。それで2カ月ぐらい入院したんだけど、薬で体がむくんできてね。急に体重が10キロ増えたから、練習がキツくて手を抜く悪循環。

そのときに何かおかしいなと思って調べてもらうと、心室性期外収縮症というややこしい病気。日本ハムで一緒だった高橋一三《かずみ》さんもこれで手術したんだけど、自分は手術しないでごまかしてやっていたら、どんどん悪くなっていった。

単なる不整脈だったらね、薬で抑えられるんだけどね。自分の場合は、心臓の管が1本多かったんだって。それを落としてもらうと、楽になったんだけどね。

二宮　血行障害もその頃から。

江夏　これはまた別だけど、今でもしびれているわね。だから、煙草の火が指に当たっても熱いのが分からんのよ。

衣笠　そう、火傷《やけど》するの。あれを見たときは心配したね。

子どもが憧れる大人を叩かなかった時代

二宮　血行障害で思い出しましたが、江夏さんが宿舎でも布団に寝転がって天井にボールを投げてはぶつけるのをずっと繰り返していたという話を、以前衣笠さんからお聞きしました。ボールの感覚を大事にしたわけでしょうか。

江夏　そうね。血行障害の影響で感覚が弱いじゃない。だから、絶えずボールを握っているほうが安心するのよ。自分にとっての良薬はやっぱりボールと女性の……。

二宮　それ以上書けませんから（笑）。

江夏　アハハハ。でも、やっぱり世の中には男と女しかいないんだから、男にとって女性はどれほど大事な存在かということよね。女性にとっての男もそうでしょう。これはもう世の中の仕組みなんだから。

衣笠　今の時代は、それが通用しないもの。

二宮　パシャパシャやられますもんね。

衣笠　もう十何年前の話をほじくり出してきて、みんなの前でごめんなさいなんて言わされる時代でしょう。世の中、もう狭すぎるわ。そんな昔のことを掘り起こしていたら、誰でも何かしらほこりは立つよね。

二宮　聖人君子なんて、ほとんどいませんからね。

衣笠　そんな人ばっかりだったら、世の中、息苦しくてしょうがないよね、遊びがないんだから。だけど、今はそういう時代でしょう。やっぱり人間、気分転換だって必要でしょうなんて言っても、全然通用しない時代だもの。

間違いなく言えるのは、昔のほうがいいとか悪いとかじゃなくて、大らかだったよ。人が人らしく大らかに行動できる範囲が広かったし、子どもを大事にしていたよ。それは逃げ口上だろうって言われるかもしれないけど、少なくとも、子どもたちが憧れる人を叩かなかったよね。

今はどんな立場の人だろうと、ちょっとほこりが見つかったらみんなで叩き回して、子どもの夢をもぐら叩きみたいにつぶして回る。それじゃあ子どもだって夢の持ちようがないわな。

赤ヘル初優勝時の勢い

二宮　江夏さんは病気の影響もあって昭和49（1974）年、50（1975）年は12勝と、不本意な成績に終わります。ところで、ちょうどその頃が、衣笠さん、山本浩二さん、水谷、三村、水沼さんら同世代の選手が力をつけていく。江夏さんから見ていても、やっぱり広島が変わってきたなという印象はありましたか？

江夏　それはやっぱり50年。

二宮　初優勝まではそんな意識はなかった？

江夏　全然怖くなかった。もう広島戦って言ったら、いただき。おいしかったもん。

衣笠　打線に水谷を8人並べたかったね（笑）。

二宮　水谷さんは江夏さんに強かった？

江夏　ジンタにはやられたな。あいつは左ピッチャー、うまかったし。

衣笠　あいつは引きつけて打てるの。

江夏　ただ、やっぱり初優勝の年の赤ヘルは、今の赤ヘルと同じですごかった。あの年は、４月にルーツ監督が甲子園で退場になったのも目の前で見て、その後すぐに古葉さんが監督になって、外国人の２人がいて……。

衣笠　ホプキンスとシェーンね。ホプキンスという人は、数字的にどうこうというより勝負強かったね。

江夏　でも、まだ50年の時点ではサチと浩二はそんなに怖いバッターじゃなかったよ。

二宮　やはり優勝が二人を育てたと？

江夏　そう。50年のオールスターで二人とも２本ずつホームランを打った。あのあたりから本当にいいチームになってきたなと思ったけど、50年はやっぱり赤ヘルというチーム全体がすごかったよね、あの勢いが。

満塁、ツースリーから放ったボール球

二宮　あの年は最後まで競って、最終的には２位中日に４・５ゲーム差をつけましたけ

ど、優勝経験のない広島ですから最後まで分からなかった。阪神も広島に6ゲーム差、中日に1・5ゲーム差の3位ですから、いいところまできていましたよね。

江夏　自分がいた頃の阪神は2位ばっかりだったよね。いいところまではいくんだけどね。一番近かったのが43年と48年だった。

二宮　昭和48年。確かにそうですね。

江夏　阪神で最後の勝ち星を挙げたのが、あの年（昭和50年）の10月かな。甲子園での勝ち星が最後なんだよ。

甲子園での広島との3連戦で連敗して、3戦目に自分が出ていって勝って、何とか阪神の面目を保ったんだけど、あのときの思い出はサチに対したとき。7回だったかな、ツーアウト満塁でツースリー。俺は100パーセント振ってくると思って、意識してボール球を放ったの。満塁のツースリーで意識的にボール球を投げたのは2回しかないけど、最初がそこだったな。

二宮　2回目は？

江夏　その次は、日本ハムのときに博多で。西武に移っていた田淵にツースリーから、やっぱりアウトハイのボール球を放ったね。満塁のツースリーからボール球を放るというのはなかなか勇気が要るんだけど、絶対に振ってくるという自信があって放ったら、ものの見事に引っかかってくれたの。

でも、相手が普通のバッターならそんなことはできない。いいバッターだから絶対に振ってくるという意識でボール球を放れるということ。自分にとってこの二つの経験は、ピッチャーとして最高の思い出だよね。

二宮 昭和50年という年は、広島は初優勝して衣笠さんにとっては最高の年になる。江夏さんは阪神を出されてしまう。

江夏 そう、追われる年。だから、47年に23、48年に24勝って、49年は12。次の50年も12だった。

この年で阪神をクビになったわけだけど、でも、自分が阪神でとった勝ち星が159か、その最後の勝ち星がついたあの試合が広島戦で、さっき言ったサチとの対戦もあって、この年が赤ヘルの始まりの年でもあったということだね。

二宮 その何年か後に、お二人が一緒に野球やるなんて誰も思っていなかった。これが運命というものでしょうね。

野球ができなくなる――刀根山籠城事件

江夏　昭和53（1978）年に広島に声を掛けてもらったんだけど、あのときはもう野球ができなくなると思っていたね。
衣笠　それは、南海でできなくなるということ？
江夏　いや、もう野球自体が。要するに、マスコミで散々叩かれたから。刀根山事件という、絶対にやってはいけないことをやってしまったから。
二宮　ちょっと待ってください。若い読者の方は事件について詳しくないでしょうから若干、説明しておきたいと思います。
　昭和52年、当時、南海のプレーイングマネージャーだった野村克也さんが、残り2試合を残したペナントレースの最中、突然解任されるという事件が起こります。これに反発する江夏さんと柏原純一さん、高畠導宏コーチが、大阪・豊中市の刀根山にあった野村さんのマンションに一緒に籠城したとされる事件です。

江夏　そうね。あのときは、やっぱりとことん意地を張って、最後の最後、ロイヤルホテルで野村さんの記者会見を開くんだけど、その手配は全部自分がやったわけよ。

ただ、まさかそこで野村のおっさんが、「鶴岡元老に吹っ飛ばされた」と言い放つとは思わなかった。あれを言われたときはもうゾッとしたよね。これで、もう我々も野球はできないなと。

あのときはこれにヘッドコーチのブレイザーはじめ、河埜敬幸とか佐藤道郎とかもついてくるような感じだったけど、現役終わるのは俺たちだけでいいと。本当に、あそこで現役終わっていても不思議はなかったからね。

二宮　野村さんが口にした「鶴岡元老」というのは鶴岡一人さん。南海の黄金期を作った名将で、球界のドンなどとも言われていた方です。ある意味、野村さんと鶴岡さんとの関係に江夏さんは巻き込まれてしまった。二人は前から仲が悪かったんですか？

江夏　その頃は、そんなこと全然知らないから。

二宮　世間から見たら、野村さんと鶴岡さんの確執に江夏さんたちが巻き込まれたような図式ですね。

江夏　ただ、自分の場合はやっぱり、リリーフという新しい道を野村克也という人がつくってくれたという恩義があった。だから、野球選手というより人間として、自分で筋道をきっちり通したいと思って、野村さんが辞めるんなら一緒に南海を辞めるつもりでくっ付いていったわけ。あのとき、広瀬（叔功《よしのり》）さんや穴吹（義雄）さんなんかに呼び出されてこんこんと諭《さと》されたけど……。

二宮　野村さんについていくなと。

江夏　そう。「このまま南海で一緒に野球やろう」と声を掛けてくれた。もちろん、その気持ちはありがたかったけど、やっぱり男として筋を通したいのですいませんと。

二宮　あの年、野村監督はクビになるような成績ではなかったですよね。

江夏　前期、後期（当時のパ・リーグは2シーズン制）とも2位だもん。ただ、球団は当時野村さんが付き合っていたサッチー（野村沙知代）さん絡みの公私混同を理由にした。ただ、あれは完全に球団が仕組んだストーリーだったから。川勝オーナーと野村さんの縁は強かったんだけど……。

二宮　後援会長だった比叡山のお坊さんは野村さんにサッチーさんを切れと言ったとか……。

江夏　そう。自分もサッチーさんが球場に来ているのは知っていた。でも、監督室まで入っているとか、そこは見ていなかったから。実際、俺も監督室へは何度も行っているけど、サッチーさんがいたことはない。だから、1回、2回そういうことがあったのを……。

二宮　ちょっと大きく。

江夏　そう、やられたんじゃないかな。だから、それだけ敵が多かったんだろうな、野村のおっさんは。鶴岡さんとの間に何があったのかは分からないけど。

江夏がリリーフに?

二宮　ところで衣笠さん、広島が初優勝した昭和50（1975）年に江夏さんが阪神から南海にトレードされます。刀根山事件から一連の動きをどう見ていましたか?

衣笠　僕はもうホッとしたよ。これで阪神戦の打率、上がるって思ったもん。阪神戦で一つ負けるピッチャーがいなくなったんだから助かるよね。パ・リーグへ行くっていうのはちょっと想像できなかったけど、野村さんのところへ行くって言うから、そうなんだっていうのはあったね。

二宮　それはどういう意味で？

衣笠　あの当時の南海にはブラッシンゲーム（ブレイザー）がいたから。

あのピッチャー（江夏）がまた進化するのかと思うと嫌だったね。だから、セ・リーグに戻ってくるとき、ウチに来てくれてよかったよ。よそのチームへ行かれていたら、またやられていたよな。やっぱりブラッシンゲーム、野村さんが、江夏をもうひと磨きするだろうなという予感はあったから。

二宮　衣笠さんの目から見ても、野村さんとブレイザー・ヘッドコーチのコンビは絶妙でしたか。

衣笠　もちろん。一番びっくりしたのは、江夏の使い方が大きく変わったこと。リリーフ専門って、今なら当たり前だけど、当時はまだリリーフの評価が低い時代だから、あれにはびっくりした。先発で鳴らした彼がそんなふうになるとは思わなかったから。

二宮　野村さんの「野球界に革命を起こそう」という言葉が江夏さんに響いたという有名な逸話があります。ただ、当時のリリーフは1イニング限定ではなくて、3イニングぐらい投げていましたよね。

驚きだったルーツ監督の改革手腕

二宮　カープが初優勝した昭和50年のときも、宮本幸信さんがリリーフで大活躍しましたけど、あれはルーツ監督のアイデアなんですか？

衣笠　そう、阪急から取ってきて。ジョー・ルーツという人は優勝した前年の昭和49年に広島に来て、1年間チームを見ているのよ。このチームをどうシャッフルしたら、自分が描く優勝のプランに近づけるのかと、彼はそのプランを練っていたんだね、1年間。

だから、ヘッドコーチのときはすごい静かな人だったのに、監督を引き受けたらもう一瞬にしてあれこれ手をつけ出した。一番びっくりしたのは、安仁屋《あにや》（宗八）さんをトレードに出したこと。阪神の若生《わこう》（智男）さんと入れ替えたでしょう。あれはびっくりしたね。

二宮　外木場、安仁屋っていったら当時の二枚看板ですからね。

衣笠　あれが一番びっくりしたけど、他にも阪急に大石弥太郎さん、白石静生さんを出して、渡辺弘基、児玉好弘、それと宮本と3人ピッチャーを取ってきた。そうなると、あの当時のカープ打線で足りなかったのが1番バッターだ。

二宮　ああ、大下剛史さん。大下さんもやっぱりルーツ監督ですか。

衣笠　そう、ルーツ。1番は三村がいたけど故障がちだったし、それで日本ハムから大下さんを引っ張ってきた。

二宮　足りないピースを次々に埋めていったと。

衣笠　そういう意味では、1年間、あの人はよくチームを見ていたんだなっていう感じがするよね。

『仁義なき戦い』の世界が目の前に……

二宮　江夏さん、さっきの話に戻りますすけど、野村さんの解任騒動で、一時は南海を辞めるどころか野球ができなくなると思ったと。しかし、そこまではいかずに、南海から広島に移籍されますね。これは、古葉さんが南海でコーチをやっていたことと関係がある……。

江夏　いや、南海では一緒にやってないよ。

二宮　いえ、江夏さんではなく、野村さんと古葉さん。その後、古葉さんは広島に復帰し、野村さんから「江夏は使える」と聞いたと、古葉さんは言っていました。

江夏　そのへんのことは分からないな。ただ、刀根山の問題は、野球選手といえども組織の中の人間としては100パーセントやってはいけないことだと分かっていたから、もう二度とユニフォームは着られないだろうな、野球できないだろうなっていう気持ちはあったよね。

二宮　それで広島へという話がきたときの気持ちは？

江夏　まさかっていう気持ちだったよね。もちろん、また野球ができることはうれしかったけど、まさか広島が取ってくれるなんて夢にも思わなかったから。

二宮　阪神時代も広島によく遠征されていましたけど、その頃の広島のイメージはあまりよくなかったと、以前、おっしゃっていましたね。

江夏　だって、新人で入った昭和42（1967）年の頃、遠征に出て一番嫌だったのが広島と小倉だもん。なんか暗いっていうか、市民球場の警備の連中もひどくて、一度、吉川《きっかわ》旅館のところで囲まれたことがあったし。

二宮　ファンにですか？

江夏　いや、こっちの連中に。そういう思い出があるから。

衣笠　これも読者の皆さんに説明が必要だな（笑）。今では考えられないけど、当時の警備は全部そっちの人がやっていたという、そういう時代の話ね。

江夏　そんなの知らんもんな。ブルペンでそういう警備のヤツとちょっとケンカになったんだよ。それで吉川旅館の横の川の堤防のところで、若い衆10人ぐらいに囲まれて……。

衣笠　そうなの？

江夏　あったんだよ、本当の話。そのときは村山さんとかが出てきて上と話し合ってくれて収まったけど。

二宮　『仁義なき戦い』の本場ですからね。映画にもそういう場面が出てきます。

衣笠　そう。今、そんな話をすると皆さん驚かれるかもしれないけど、広島だけじゃなくて、昔はそういう人たちが普通に野球場にいた時代。

江夏　上の年代の人に聞くと、地下で飲んでいて帰ろうと地上に上がった瞬間、目の前でドンパチ、撃ち合いやっていたというんだから。自分の場合、18歳で阪神に入って初めて京都に来たわけ。そうしたら僕らの10年上の先輩たちっていうのは、『仁義なき戦い』に実際に出てくるメンバーの人たちと皆、飲み食いしているんだもん。そんな話聞いたら怯《おび》えるよね。

広島にはそういうイメージが強かったから、行くってなったときは「広島かぁ～」っていう感じはあったよね。流川《ながれがわ》（広島市最大の歓楽街）でダイナマイトが爆発して一連の抗争はだいたい収束したと言うんだけど、あれが昭和45年ぐらいだとして、自分が来たのが53年だから、そんなに前の話じゃない。えらいところに来たと思ったよ。

　でも、それから広島にいたのはわずか3年だけど、あの街を出るときは、広島ほどいいところはないなと思うようになっていたからね。

ベンチで座るところがない!?

二宮　広島では、最初から江夏さんは衣笠さんとウマが合ったんですか。
江夏　いや、はじめはジンタ（水谷）と仲が良かったんだ。湯布院のキャンプで一緒の部屋だったから。サチとは次の年、一緒の部屋だったんだよ。で、8畳くらいの部屋で寝るじゃない？　サチは寝癖が悪いというか、俺の周りを1周するから、この人。
衣笠　まだ体が元気だったんだね（笑）。
江夏　俺の横を通って1周して、こっちへまた帰ってくる。そういう寝方するの。
二宮　大下さんが、バスの座る位置をめぐって江夏さんとケンカになったという、あれは本当なんですか。

江夏　そう。こっちは何にも知らんから。前から3番目ぐらいの席に座ったんだけど、そこが剛やん（大下）の席だったんだよ。それで、「どけ！」と言うから「なにっ！」ってそれだけだけど、サチやジンタやコウジがそれを見てゲラゲラ笑っていた。それがきっかけで、剛やんとは仲良くなったんだけど、教えてくれりゃあいいじゃん、そんなもん（笑）。

二宮　指定席が決まっていたわけですね。

衣笠　ベンチでも座る位置ってだいたい決まっているの。あれは面白いもんでね。

江夏　阪神のベンチはそんな指定席なんかなかったから。こっちは野手、こっちはピッチャーぐらいはあったかも分からんけど。

二宮　江夏さんぐらいになると、江夏席とか、田淵席とか。

江夏　だいたいは決まっていたけど、絶対ここなんてものはない。

二宮　広島はあの人はこの席って、決まっていたわけですか。

衣笠　うん。僕は連続出場を続けていたから、守りのときはいつもグラウンドにいて知らなかったんだけど、昭和54年にフルイニング出場が途切れて、ゲームに出なくなったときがあるでしょう。あのときに、みんな守りに出て行ってふっとベンチを見たら、自分の座る所がないいんだよ。「えっ？　俺、どこへ座ればいいんだろう」って。

二宮　いつもは守備についているから、気にしたこともなかったと。

衣笠　守備に行かなくなったとたん、えらいことになった（笑）。監督から遠い端のほうに座ったら、スネているみたいでしょう。かと言って、攻撃のときにいつもいるバットケースの一番前に座ると、監督のすぐ後ろになって、今度は当てつけみたいじゃん。〝いや、困ったもんだな、これは。座る位置って、こういうふうになっているんだ〟って初めて分かった。

二宮　ずっと試合に出続けていた衣笠さんならではのエピソードですね。

試合に出ないとお腹が減る

衣笠　その時期に分かったことがもう一つ。僕らは試合前にお腹を満たすと動きが悪くなるから食事を取るなって教育されてきたわけ。ところが、あのときに試合に出ないって、お腹が減るっていうことを初めて知った。

二宮 試合に出ないほうが減るんですか。

衣笠 出ないから減るの。緊張感がないから。それまでは試合前に若い子を見つけては、「お前、今からゲームが始まるんだから、そんなに一杯ご飯食べたら大変だろう」って言っていたのよ。でも、ゲーム出なくなって彼らが食べる意味が初めて分かったの。

だって、お昼食べて試合が始まるのが夕方でしょう。だから、緊張感がなかったら、お腹空くよね。これからは若い子が試合前に食べても、あまり厳しく言っちゃダメだと思ったよ。

江夏 生活のリズムが変わる。変われば戸惑うということは結構あるよね。

衣笠 あれは知らなかった。だって、僕なんか朝起きるでしょう。昼は1時から家でご飯を食べるけど、次にご飯食べるといったら、試合が終わって家に帰ってからだから、10時だもん。

その間、ゲーム前にはものを食べない。あの当時のことだから、せいぜい栄養スティックとか、飲み物ぐらい。ところが、ゲームに出なくなったらお腹がやたら減る。そういうことをあのときに初めて覚えたの。

個性的なフォームは苦労の証し

二宮　お二人ももちろんそうですが、昭和のプロ野球はやっぱり個性的な人が多かったとつくづく思います。フォーム一つとっても、ピッチャーでもバッターでも皆、独特でしたね。

衣笠　個性がある人ってみんな、その裏側に何があるかと言えば、苦労しているっていうことですよ。

江夏　練習して、その結果があいう形なんや。

衣笠　そういうことですよ。バッターが打席でいろんな構えを見せてくれるっていうのは、わあ、この人苦労したな、と僕らは思うもの。バットを一番早く、スムーズに出すにはどういう形が一番いいんだっていうのを、嫌っていうほど考えてそういう形になっているわけだから。

江夏　王さんとイチローが野球のバッティング観を変えてしまったんだよな。二人とものすごい成績を出したわけだけど、ただ、ああいう形というのは結局、良くない形なんだから。一番いいのは両足で立って打つこと。それで打てないから、ああいう変則になったわけよ。変則は決していいことじゃないんだから。

二宮　でも変則で868本のホームランとか日米通算4358（2017年まで）本のヒットを打ったら、正しいという気がしてきますよね。

衣笠　あれですごい成績が生まれたということは、ある意味、正しい。ただ、あの人たちと同じ打ち方を誰もできないということ。

江夏　イチローの振り子打法が出した結果だけを見て、子どもたちが真似をするから良くないんだよね。過程を知らないから。あそこまで振り子でタイミングを合わせるのに、どれだけ練習をやったか。その過程を子どもたちは見てないよね。結果だけ見て、ああ格好いいな、やってみたいなと思うだけ。

二宮　変則と言えば、昔、大洋の近藤和彦さんの天秤打法ってありましたよね。

江夏　一番嫌だったね。近藤さんと中日の中（利夫）さん。キャッチャーミットの前でカットするんだから。

衣笠　あれは腹立つだろうな、ピッチャーにしたら。

江夏　腹立つよ。よし、と思ったら、ミットの前でパーンとはじくんだから。で、甘い球が来るとカーンと前で打つ。でも、あれは技術やな。だから、長い間、あれだけの数字を残したわけよ。

二宮　近藤さんの天秤打法って、僕らもよく真似しましたけど、構えは笑ってしまうくらいの変則でも、打つときは普通のフォームなんですよね。

衣笠　だって、野茂がトルネード投法だっていって後ろにひねっても、途中からは普通になるじゃない。だから基本のところは一緒ですよ。それができないと回転できないわけだから。

江夏　ああいう形を作るまでにどれだけ練習をやったかということ。そこを分からずに真似だけしてもね。正規のやり方でうまくいかないから、努力してああいう形をつくったということだから。

衣笠　古い話だけど、僕が入ったときの監督だった白石さん。現役時代の代名詞が逆シングルでしょう。右目が悪いから、一番ボールが見やすい形を追っかけてそこにたどり着いたというんだ。

みんな苦労してるんですよ。今みたいに、メガネの矯正をすれば大丈夫だっていう時代じゃないでしょう。それでも捕らなきゃいけないから工夫して、努力して。だから昔の人ほどプレーに個性が溢れているっていうのは、諦めずによく頑張ってこられた証拠だと僕は思う。

いい監督と出会うのは運

二宮　江夏さんは勝ち星が206で、セーブが193。先発、リリーフの両方でこれだけの記録を残された。先発、リリーフの両方で成功するのは当時は至難でした。衣笠さんも2215試合連続出場ばかり言われますが、2543安打、504本塁打と、すごい記録を残されています。

こうした記録を残す過程において、衣笠さんも江夏さんもこれまでいろんな監督との出会いがあったと思います。いろんな経験、出会いをされた中で、理想の監督像とはどういうものか。忌憚《きたん》のないご意見をお聞かせください。

衣笠　いい監督に出会うか出会わないかは、これはもう運だよね。ノム（野村克也）さんが、4番バッターと大エースに巡り合うのは運だって言ったじゃない。あれと同じことですよ。素晴らしい選手でも、監督と合わなかったという人もいるからね。

要するに、10人いて10人全部に合う人はいないんですよ。その中の1人がたまたま監督だったとしたら、まあ運が悪いとしか言いようがないよね。

二宮　上司と親は代えられないと言いますからね。

江夏　これはもう野球界だけじゃなくて、一般の社会にも言えることだよね。

衣笠　ただ、選手の時はまだ可能性がある。なぜなら、自分が出ればいいんだから。そこまでの決断をするのであれば、そこで自分に合う人と巡り会えるかもしれない。

そういう合う、合わないがあるから理想の監督というのは難しいんだけど、少なくとも僕が思うのは、監督には二つタイプがあるということ。一つは育てる人、もう一つは勝つ人。この二つしかないですよ。

育てる監督、勝つ監督

二宮　それは面白いですね。たとえば、衣笠さんが広島に入団された3年後に監督に就任された根本陸夫さんは育てるタイプでしょうね。

衣笠　それはもう間違いない。自分がお世話になった人の中でいうと、根本さんは育てる人。ヤクルト時代の関根さんもそう。勝負なんて考えていたのかな？　というぐらい大らかだった。要するに、この選手は今どういう状態で〝放牧〟しなきゃいけないか、叱るとしても、どう叱ればこの子が来年どういうふうに出てくるかということを最優先に考えていた。それは、すべて選手を育てるため。

一方の勝つ監督となると、古葉さんでしょうね。一番長く11年も一緒にやらせてもらって、その前は川上さんが9連覇されたという流れがあって、古葉さんで広島が初優勝した。そういう中で、勝たなければいけないというものが強かった人だと思う。

野球に対する頑固さというか、私の野球はこうですよ、というものを感じさせてくれた人だったよね。だから自分のやりたい野球がブレないの。ヤクルトの監督で初優勝に導いた広岡さんもそう。ペナントレースはこうやって勝つ、日本シリーズの短期決戦で勝つにはこうやる、というものがきちんとあってブレない。

二宮　今のお話、非常に面白いですね。根本さんは若い衣笠さんや山本浩二さんたちに、もう何年後はお前らが主力なんだということを意識させ、広岡さんや関根さんを連れてきて基本を叩き込んだ。広島球団を初めてAクラス入りに導いていますが、勝つための采配ではなかったと?

衣笠　根本さんは、どこのチームに行ってもそうだったでしょう。西武でもダイエーでもそう。どうやってこの子たちに明日を見せるか、というやり方。

勝つということはすごいんだぞ、素晴らしいんだぞ、お前たちがそれを実現できるんだぞということを分からせるために、いろんな角度から刺激を与える。そのやり方を知っている人だよね。アメリカに留学させたり、思い切って試合に使ったりと、いろいろなやり方をした。

僕は、根本さんってどんな人？　って言われたら、怖い人ですよって言うの。でも、変な言い方だけど、怖いんだけど好きなの、あの人は。僕はプロ入り2年目が終わったときにほとんど崖っぷちにいて、3年目に根本さんがコーチで入ってきた。あのとき、あの人に出会わなかったら、衣笠という野球選手は、生まれていないと思う。

二宮　以前お聞きしましたが、野球の技術ウンヌンの話とかではなくて、「人生とは何か」というようなことから教えると。

衣笠　うん。そこはノムさんによく似ている。あの二人は野球の選手としてどうこうというより、「お前、どんな人生作りたいんや？」って聞くの。

よく思うんだけど、自分の人生を考える時間なんて、人生全体から見ればそんなにたくさんないでしょう。でも若い時に、時々そういうのが出てくる。その時に誰に出会うかだよね。

二宮　これ、運ですね。

衣笠　だから、そのときにいい人と出会えれば立ち直れるし、いい人と出会わなかったら立ち直れない。つぶれるわな、派手な世界だから。

「俺が辞めるんだから、お前も辞めろ」

二宮　江夏さんが西武に行くときは、根本さんから来てくれと？

江夏　違うよ、あれは大沢（啓二）のおやじがバカなんだよ。昭和58（1983）年、西武が優勝した年におやじが勝手に監督を辞めた。酔っぱらって「俺は辞めるぞ」って言うから、何言っとんねんて思ったら、2日後に退団や。びっくりした。

2、3日してからおやじの家にご苦労様を言いに行ったんだよ。そうしたら俺に、「お前は広島から俺が取ったんだ。取った俺が辞めるんだから、お前も辞めろ」って。「辞めろって言ったって、まだ野球できます」と言ったら、分かったと。

二宮　親分、子分のあれじゃないですか。

江夏　本当。でも、大沢のおやじは自分にとって本当におやじ代わりだったからね。俺は球団に残るから、おまえの次の就職口を見つけてやるからと言うんだな。次の植村（義信）監督が「江夏がいるとやりづらい」とはっきり言ったらしいよ。だから、もうお前も辞めろと。「分かりました」というわけよ。

で、「次はどこへ行きたいねん」って言うから、「行きたいところは別にないけど、行きたくないところは一杯ある。巨人と西武と阪神には行きたくない」と言った。ところが、きた話が西武だった。

二宮 行きたくないところからのオファー。

江夏 そうよ。そういう話になったらしいよ。

二宮 根本さんとの間で決まったんですか。

江夏 裏の話は分からんね。でも、そう言われたらしょうがない、野球をやるには。

二宮 大沢親分は、育てるか勝つかで言うと、どっちになりますか。

江夏 育てることはできないね、そんな根気はないから。まあどっちか言ったら勝ちに行く。でも、節操がないよね。昨日まで「あいつはいいやつだ」と言って、次の日「あいつはなんやねん」ってコロコロ変わるから。でも、そういうところが面白いおっさんやったな。親分っていうイメージだったけど、個人的にすごく自分のことを大事にしてくれたからね。

審判との戦い

二宮　ちょっと技術的な話に変わりますが、キャンプでもいわゆるピッチングの組み立てというか、外からどんどん審判の目を慣れさせるというお話を以前、江夏さんに伺ったことがあります。ボール球を投げて審判がストライクと言ったら、そこは取るんだなと。そういう審判との無言の駆け引きみたいなものはどうやって覚えたんでしょう。

江夏　ピッチャーにとってブルペンというは、単なる調整場所じゃないの。キャッチャーとの戦いもあるけど、次は審判との戦い。だから要するに、江夏がアウトコース放ったらストライクやなあと、それを思い込まさないといけない。

だから、コントロールがしっかり出来上がるまでは、後ろに審判が立ったら邪魔だから、どいてくれと。江夏はこれだけのボールを放るんだよ、ということをブルペンで審判の頭の中に植え付けたいわけ。それがもうブルペンでの戦いだから。

二宮　洗脳するわけですね。その話を30年前くらいにお聞きしたんですが、最近、その手のピッチャーが少なくなってきましたね。

江夏　いないのが寂しいよね。

ブルペンの話で言うと、日本で良かったときの松坂大輔がやっぱり冴えていたよね。いまだに忘れられないのは、あの子が西武に入った年の春のキャンプ。昨日も投げましたから、今日はもういいですと言って、それから、キャッチャー中腰に立たせてなんと160球くらい投げた。すごい子だなと思ったね。それも手を抜いたボールじゃない。鳴り物入りで入ってきたけど、改めて、松坂という子のすごさを感じた。

人間味があった昭和の審判

二宮　審判との戦いの話に戻りますと、「俺が一番自信があったのは選球眼なんだ」、と王さんはおっしゃっていた。審判より自信があったと。王さんが見逃したらストライクでもボールになったという話もあります。いわゆる〝王ボール〟ですね。

江夏　事実、王ボール、長嶋ボールってあったからね。

二宮　江夏ボールというのもあった。
江夏　当然あったと思う。
二宮　その辺りが審判とのせめぎ合いですよね。
江夏　一番やられたのは富澤（宏哉）さんかな。村山さんが大事なところでやられるってよく言っていたし、自分もやられた。
二宮　確かに、プロ野球史上で議論が巻き起こったような判定に、よく絡んでいらっしゃいますね。村山さんが長嶋さんに打たれた天覧試合のサヨナラホームラン判定は諸説ありますけど、レフトは富澤さんでした。大杉勝男さんが日本シリーズの大事なところで打って、上田利治監督が延々抗議したホームランの判定も富澤さんなんですよね。
江夏　あれはファウルだったと本人がはっきり言っていた。ルンルン気分でベース一周したってね（笑）。
　まあ、自分も実際に見たことがあるけど、有名な監督が審判室に怒鳴りこんで行って、「メシ食えんようにしたるぞ」みたいなこともあったたし、力関係でしゃあないみたいなものもあったんだろうな。

衣笠　やっぱり東は巨人、西は阪神という時代だったから。松下（充男）さんなんて、こんな感じ（弱々しく手を上げる）でストライクとるから、「今のはないでしょう」って言うと、「キヌ、わしも家族がおんねん。子どもがまだ学校行っとるんや」って。しゃあないわって帰るしかない（笑）。

二宮　それを言われたらね（笑）。

衣笠　広島に来たときは頼むよと、まあそういうふうなことは、あの昭和の時代、あったよね。誤解のないように言っておくと、あまりにもひどい判定は別として、それ以外だったら、僕は、アンパイアに多少そういう人間味があってもいいと思うけどね。人間がやってるんだもん。

江夏　まあ、俺も結構、審判とは言い合いもしたけど、憎しみ合ったということはないもんな。

やり過ぎだった審判暴行事件

二宮　昭和の時代は抗議も長かった。しかし、会話の中身に必死さがあった。「ここは俺の顔を立ててくれ」と言った審判もいたそうです。

ただ、昭和57（1982）年に横浜スタジアムでの阪神の柴田猛、島野育夫両コーチの事件、あれはやり過ぎでしたよね。

江夏　あれは良くなかったよな。

二宮　お二人の真剣さは分かりますが、本気で殴る蹴るをやってしまった。あれは後味が悪かったですね。

衣笠　あの2人は現役時代に南海で一緒だったから。

二宮　お二人とも現役時代は地味だったけど、コーチとしての評価は高かった。

衣笠　難波の大阪球場って大阪のど真ん中だから、そりゃあ散々やってるよね、お客さんなんかとも。

江夏　まあ、シマちゃんも亡くなった人だからあんまり悪く言えんけど、あれは味方の阪神のほうからも相当非難が出たらしいからね。

衣笠　島野さんは本当に野球が好きな人だった。でも、島野さんも柴田さんも、入り込んでしまったらちょっと周りが見えなくなる人だから。

二宮　お二人ともよそから来て、人気球団の阪神で結果を出さなければ、とのプレッシャーもあったんでしょうか……。

衣笠　それもあったかも分からんね。

第二章

「江夏の21球」の裏側

――主役と名脇役が初めて語り合う、昭和プロ野球の名場面

「優勝する」とだけ言って消えたルーツ監督

二宮　広島カープが初優勝した昭和50（1975）年、あのときは「リーグ優勝で全部終わってしまった」と衣笠さんはおっしゃっていました。実際、カープは初めての日本シリーズは1勝もしていないんですよね。

山田久志、山口高志といった阪急投手陣にカープ打線が抑え込まれたシリーズでしたね。阪急も日本一は初めてだったんですが、その阪急に2引き分け4敗と、1回も勝てなかった。阪急は戦力が充実期を迎えつつあって、この年から日本シリーズを3連覇します。

衣笠　そう、人生初の日本シリーズは阪急を相手に4敗2引き分け。1試合も勝てなかった。

リーグ優勝を決めたのが10月15日で、日本シリーズは10日後の25日からだったかな。少し間があくからというので、合宿をやって臨んだんだけど、合宿って普通はどこか別の場所に行ってやるわけだけど、わざわざ地元の広島で合宿したんだから。そのへんからしてなんかチグハグで、確かに阪急は強かったんだけど、それ以上に、こっちの準備不足だったと思う。

あの年、キャンプのときから監督のジョー・ルーツは「優勝する」ってたしかに言っていたんだけど、優勝したら日本シリーズがあるぞ、日本一を目指すんだとは一言も言わないうちにいなくなっちゃった。だから、10月15日にリーグ優勝が決まって万歳して、それであの年はすべて終わっちゃったの。

二宮　今、名前が出ましたので、若い読者のために説明しておきますが、昭和50年のシーズン当初、監督として広島カープを率いていたのは古葉竹織さんではなく、ジョー・ルーツさんという球団初の外国人でした。

広島に闘志を植え付けるため、球団カラーをレッズのような赤に変えるべく赤ヘルを導入した（ユニフォームは間に合わなかったため、50年はキャップとヘルメットのみ赤にして戦った）ほどの熱血漢でしたが、そのジョー・ルーツ監督、シーズンが始まって1カ月もたたない4月27日の阪神線で判定を巡って審判に猛抗議、ボイコットも辞さずという姿勢を示します。このとき、球団代表が試合続行を指示して現場介入したことに不満を抱き、4月30日には監督を辞任してしまった。そして、5月3日に古葉竹織監督が誕生した。衣笠さんが、「ジョー・ルーツが優勝するとだけ言って、いなくなってしまった」というのはこのことを指しているわけですね。

1勝もできなかった日本シリーズ

二宮　で、話を戻しますが、そんな経緯もあってこの年はリーグ優勝を果たしたものの、そこから先の準備はできていなかったと。

衣笠　とにかく優勝を目指して頑張りなさいってジョー・ルーツは言ったんだけど、その先を言う前にアメリカへ帰っちゃったから（笑）。

だから、あの年は初のリーグ優勝はしたけれど、なぜ日本シリーズで1勝もできなかったのかって、それがずっとあったの。阪急のほうが力が上だった、最後に出てくる山口高志がすごかったとかっていうのはもちろん認めるけど、1勝もできないチームではなかった。

二宮　昭和50年の初戦だって、外木場さんが好投して延長11回、3対3の引き分けでしたが、あの試合に勝っていたら分からなかったですよね。

衣笠　そう。だから、あの日本シリーズが終わって、もちろんそのときもすごく悔しい思いをしたわけだけど、その思いがだんだん薄れていくんじゃなくて、翌年、また翌年と年数が経つにつれてどんどん増していってね。

だって、広島のファンのなかには「カープはリーグ優勝はしたけど日本一になっとらんじゃろう」とか言い出す人もいるわけよ。「何を！」と思ったって、こっちは1勝もしてないんだから、何も言い返せない。「準備不足でした」なんて言い訳にもならない。それが本当に悔しくて、今度こそ日本一になってやろうって気持ちがどんどん強くなっていった。

ただ、50年以降、51年からの3年間は、日本一という前にリーグ優勝もできなかった。それで、なぜ勝てないのかと考えているうちに、つまりはピッチャーだとなったわけ。それを突き詰めていくと、当時、池谷（公二郎）、北別府（学）、福士（敬章）……と先発陣がそこそこ揃ってきてはいたけど、最後のワンピースが足りないと。先発は抑えたり打たれたりがあるけれど、試合の終盤のほうにきて乱れるのは優勝の条件を満たしていないと、首脳陣だけじゃなくて、我々もそう思っていたわけ。

そこに江夏が入って最後のワンピースが埋まった。これでもう勝てるゲームは確実に勝っていけるとなった。それで、もう今年は絶対に勝てるということで、昭和54年のシーズンはスタートしたわけよね。

二宮　江夏さんが広島に移籍したのが昭和53（1978）年。この年の広島打線は猛威を振るいました。チーム打率2割8分4厘、チーム本塁打205本（当時の日本記録）はいずれも球団記録です。前半のもたつきがたたって結果は3位でしたが、後半は驚異的な勝率で追い上げました。

ベンチから見ていた日本シリーズ

二宮　そして昭和54（1979）年、満を持して4年前の雪辱を果たす機会がやってきます。二度目のリーグ優勝を果たして、忘れ物である「初の日本一」をとりにいくチャンスが巡ってきた。初もの尽くしの昭和50年とは違っていたでしょう。

衣笠　僕らはリーグ優勝もまだ二度目だったし、日本シリーズで勝った経験はないわけですよね。だから正直言うと、自信よりも「自分たちはシリーズで勝てるんだろうか」という不安が先に立っていた。でも、その不安をなくしてくれたのが、やっぱり江夏だったんだよね。

抑え投手としての実力はもちろんだけど、それに加えて、江夏は南海に2年いて、近鉄と何度もやっているわけじゃない。

二宮　つまり、相手を十分に知っていると。

衣笠　そう。最初は不安からスタートしたわけだけど、やっていくうちに、これは勝てるぞと思わせてくれたのが、江夏という投手の存在だったね。

二宮　では、昭和54（1979）年、伝説の日本シリーズをじっくり振り返っていきましょう。

相手は1960年代後半から1970年代にかけて阪急を常勝軍団に仕立てあげた名

将・西本幸雄監督率いる近鉄バファローズでした。

この年、近鉄は球団創設30年目にして初のリーグ優勝を果たしますが、もちろん日本シリーズは初舞台。その意味では一度だけとはいえ、舞台経験は広島のほうが少しだけ上だったわけです。ただ、初の日本一へのチャレンジは怪しい雲行きから始まります。敵地（大阪球場）で2つ続けて落とすという最悪のスタートでした。

衣笠　あの年はシーズン序盤から自分のバッティグが絶不調で、5月の終わりにスタメンから外されたんですよ。当時の連続フルイニング出場の日本記録にもう少しというところだったんだけど、それが途切れたシーズン。

そういうシーズンを象徴するかのように、日本シリーズに入っても全くダメだった。バントをすればダブルプレーになるわ、打ちにいったら三振するわ、とそんな有様で、大阪で2連敗して地元・広島に戻ったら、僕はスターティングメンバーから外されたわけ。

二宮　あの年のシリーズでは衣笠さん、何試合かスタメンを外されたんですよね。

衣笠　第3戦から4試合外れた。でも、そこでベンチからゲームをじっくりと見られたのが結果的にはよかったのかな。

第3戦は池谷が7回まで1点リードでいって、8回から江夏が抑えで登板して勝った。この試合をベンチからじっと見ていて思ったのが、やっぱり江夏は相手をよく知っているわ、ということ。だから、試合終盤で「あとは江夏」という形になれば絶対に勝てるという自信を持つことができた。しかも、第4戦は福士、第5戦は山根（和夫）が完投で勝ってくれたから、江夏を温存できた。

二宮　地元広島で3連勝して一気に形勢逆転。江夏さんを温存してあと一つ勝てば、という形になったわけですね。

衣笠　再び大阪に乗り込んで行った第6戦は落としたけども、もうこのときには、江夏につなげば絶対に勝てると思って第7戦に臨むことができた。

9回裏、先頭バッターに打たれた初球

二宮　その思惑どおり、第7戦は1点リードして江夏さんをマウンドに送ることができき

ました。

衣笠　そう。6回までに4対3とリードして7回途中からマウンドには江夏がいた。そのまま1点差で最終回を迎えて、この回を江夏が抑えれば日本一というところ。こうなるともう、すんなり決めなきゃいけないわけよね。そうしたら、いろんなことが起きてしまった（笑）。

二宮　第7戦の9回裏。ここからのちに「江夏の21球」と呼ばれる名勝負が繰り広げられるわけですが、その主役だった江夏さん、そして、あの場面の〝助演男優賞〟の衣笠さんと、お二人にそろって振り返ってもらうのは、読者の皆さんにとってはたまらないと思います。

まずあの試合、広島は4対3とリードして7回2アウトからマウンドに江夏さんを送りました。8回も無得点に抑えて残すは最終回。初の日本一まであとアウト三つです。

衣笠　それが先頭バッターに……。

二宮　9回裏、近鉄の先頭打者は好打者の羽田耕一選手でした。ここで羽田選手にいきなり初球をセンター前に運ばれたんですね。江夏さん、あのときはどうでしたか。

江夏　いや、まさかだよね。あそこで初球を打ってくるとは思わんかった。

二宮　1点差を追う最終回の先頭バッターですからね。当時の野球のセオリーからすればば、まず初球には手を出さない場面ですね。

江夏　そう。当然打たないし、バットを振ることさえない。あそこはまずボールを見るのが定石で、少なくともそれがセ・リーグの野球。でもパ・リーグは違った。あいつら何にも考えずに、ただ来た球を打っているだけだもん（笑）。

衣笠　パ・リーグのバッターというのは本当にそうだったな。来たボールに反応して振ってくるんだから。でもそれは昔からそうだし、豊は南海でもやっていたんだから、知っていたんじゃないの？

江夏　羽田に打たれて思い出した（笑）。「そうや、パ・リーグは初球から来るんやった」って。

衣笠　おいおい、忘れんとってくれ（笑）。

江夏　そういえば、二宮さんに話したことがあったと思うけど、南海に行って最初の頃の試合で、やっぱり初球を打たれたことがあって……。

二宮　対ロッテ戦のお話ですか？

江夏　そう、川崎球場。1点差で迎えた9回。もう先頭バッターから立て続けに初球を打ってきた。ちょっと面食らったけど、どっちも凡打で、たった2球でツーアウトになった。

　で、3人目は弘田（澄男）。こういう流れできたら、もう次は絶対に初球は振ってこないと思うだろ？

衣笠　普通はな。

江夏　それがセ・リーグで俺らが経験してきた普通の野球というもの。そのときのキャッチャーは野村のおっさん（野村克也）で、サインはアウトコースの真っすぐだったけど、絶対にバッターは打ってこないと思っていたから、ど真ん中に投げた。そしたらカチーンって打たれて、あともうちょっとでホームランという当たりだった。

衣笠　1点差の最終回で出てくるバッターがみんな初球を打ってきたのか……。でもまあ、パ・リーグらしいと言えばパ・リーグらしいな。

江夏　ゲームが終わってから、野村のおっさんに聞いたのよ。「（初球から打ってくるのが）分かっとった？」って。そうしたら「おうっ」て言うから、「なんで前もって教えといてくれんのや」って。分かっているなら教えるのがキャッチャーの役目やろ。ほんまに意地の悪いおっさんやで（笑）。

二宮　野村さんからすれば、パ・リーグのことを教えるために、「一度、痛い目に遭ってもらおうか」という意図でしょうか。

江夏　どういう神経で黙っていたのかねえ……。まあ、現役時代はやったことが全部成功したんじゃなくて、失敗して痛い思いをして、それが成功につながっていったことも随分あったから、確かにあれも一つの勉強だったとは思うけど……。

刺したはずのウエストボールが……

二宮　話を昭和54（1979）年の日本シリーズ第7戦の9回裏に戻しましょう。羽田選手がヒットで出塁して、近鉄ベンチは代走に俊足の藤瀬史朗選手を起用しました。バッターはクリス・アーノルド選手。走者も打者も警戒しなければいけない場面でしたね。

江夏　あのときは「走るならどうぞ。こっちはクイックで放って、ウエストするだけだから」という感じだったね。今のピッチャーみたいにやたらと牽制するつもりもなかったし。というのも、第2戦の同じような場面で痛い目に遭っていたから。

二宮　と言うと？

江夏　第2戦、同じく藤瀬が代走で出てきて、バッターがチャーリー・マニエルという場面があった。0対0で迎えた7回裏かな。あのときは、走られたくはないし、打たれたくもないという、どっちつかずの気持ちだった。そうしたらマニエルにヒットを打たれてしまって、試合後にサチに怒られた。

二宮　なんと言って？

江夏　「ああいう場面で二兎を追うな、打者も走者もなんて欲張りすぎだ」と。ああいう勝負所では覚悟を決めて、迷わずにバッターに集中して投げることが大切なのに、打たれるのもイヤ、走られるのもイヤでは勝負にならんと、酔っぱらった衣笠にこんこんと説教された。

二宮　江夏さんはお酒を飲まれないから、当然しらふですよね。

江夏　そうよ。いくら正論だとしても、酔っぱらいにこんなこと言われたら、どれだけプライドが傷つくか（笑）。でもそれが頭に残っていたから、第7戦のこのときはクイックで投げること、そして、サインが出たらきちっとウエストすることだけを考えていたよ。

二宮　なるほど。それで、4球目に藤瀬さんがスタートして、江夏さんはその言葉どおりにウエストボールを投げた。ここまでは計算どおりというところでしょう。ところが、キャッチャーの水沼四郎さんが悪送球……。ボールがセンターまで転がる間に、ランナーは三塁まで進んでしまいます。

江夏　あのときはクイックで完全に外しにいったから、タイミングは悠々アウト。四郎だって余裕を持って捕ったからボールを握り替える時間もあったわけ。でも、これが悪いほうに出た。握り替えたとき、ちょっと握りがおかしくなって悪送球になった。しかもショートの（高橋）慶彦のカバーが遅れて、センター前まで転がっていってしまった。

ノーアウト、ランナー三塁

二宮　あのシーン、近鉄の西本監督とランナーの藤瀬選手の言い分が違っています。西本監督は、スチールのサインが出ていたのに藤瀬がヒットエンドランと見間違えたと。藤瀬選手は、三塁コーチの仰木彬さんからはヒットエンドランのサインが出ていたのをアーノルドが見落とした。スタートのタイミングが遅れたのはそれが理由で、走っている最中に「アイツ、何やってんねん！」と。

　あそこで近鉄もミスを犯しているわけですが、結果としては広島に送球ミスが出て近鉄のミスを帳消しにしたどころか、ランナーは三塁まで達してしまった。そして、これが「江夏の21球」の伏線の一つになるわけですが、ああいうミスが出ると、ピッチャーはマウンドでカリカリくるものでしょう。

江夏　いや、あれは別に頭にくるようなプレーじゃないね。

二宮　あれは許せるミスだと。

江夏　たとえば、左中間にフライが上がって、取りにいったレフトとセンターがぶつかって落球したとするよね。これに文句は言えない。懸命にやった結果のことだから。でも、お互いが見送って声もかけ合わない、ボールはポトンと間に落ちました、と。これはボーンヘッドだから文句を言いたいよね。「お前ら、何をしとんのか」と。

でも、あのときはそういうボーンヘッドではなかった。四郎は一生懸命に放ったし、慶彦も一生懸命にベースカバーに動いたけど遅れてしまった。まあ、慶彦はヘタクソだから仕方がない（笑）。でも、ちゃんとやることはやっているわけよ。それに文句をいったら失礼になるし、野手との信頼関係は築けない。エラーとボーンヘッドは全く違うことだから。

衣笠　四郎にしたら、藤瀬が走ってくるのは分かっていた。それで彼はそんなに肩が強いほうじゃないから、何がなんでもアウトにしなきゃいけないっていうので、あそこで、気持ちが完全にマイナスの方向へ入ってしまったんだろうね。

それで、あわてて投げてワンバウンドになった。それでもショートが冷静に止めてくれればよかったんだけど、センターまで抜けていってしまった。こうなるともう、キャッチャーにしたら、「やってしまった……」以外の何ものでもないよね。

二宮 せめてボールを止めていたら、三塁までは行かれていないわけですからね。

衣笠 もちろん。でも、ランナーがセカンド止まりだったら局面が変わっていたわけで、今となっては、どっちがよかったか悪かったかは、何とも言えないよね。

というのは、サードまで行ってくれて気が楽になった。あれで、こうなったらバッターのアーノルドは歩かそう、守る側としてはそのほうが楽だからということで、案外早く切り替えができたから。

二宮 なるほど。もしランナー、セカンドだったら、アーノルドと勝負していたかどうか。衣笠さんはそう思われたそうですね。

「俺の見えないところでやってくれ!」

二宮 さて、三塁までランナーが行ったことでアーノルドを歩かせてノーアウト、ランナー一、三塁となったところで、広島ベンチに動きがありました。

古葉竹識監督は池谷公二郎、北別府学の両投手にブルペンでの投球練習を命じます。それを目にした江夏さんが「オレを信頼していないのか」と頭に血を昇らせた例のシーンですが、衣笠さんは江夏さんがカッカしてるのはすぐに分かりましたか？

衣笠　顔色というか表情が変わったよね。チラッとベンチのほうを見て、「何をしとるんや！」っていう感じが顔に出ていたね。

二宮　江夏さんはいかがでしたか？

江夏　今思い出しても腹が立つ。ムカムカするな（笑）。でも、あのとき本当は何に腹を立てていたかわかる？

二宮　そんなに俺を信頼していないのか、ということでは？

江夏　いや、それ以前に、俺の見える所でやるなということよ。大阪球場には室内のブルペンだってあったんだから、やりたいんならそっちでやったらいい。それをわざわざ見える所でやった。そこが気に入らないっていうことよ。あのときは「ケンカ売ってんのか？」とまで思ったからね。

まあ、今思えば、ベンチとしても迷いがあって、余裕がなかったということだろうけどな。

古葉さんと江夏のどちらも正しい

二宮　衣笠さんは、あのときのベンチの動きをどう思いましたか？

衣笠　うん、これはあくまでも僕からすると、ということだけど、江夏も正しいし、古葉さんも正しいということになる。

古葉さんとしては、同点にされた場合の10回のことを考えた。延長になったら当然、江夏に代わるピッチャーが必要になる。その準備をするのは当然と言えば当然ですよ。ところが江夏は、「この試合は俺で終わるんだ」という思いでマウンドに上がっているわけ。

そこでベンチに「江夏の次」を用意する動きが出た。しかも、ブルペンに行ったのが今まで抑えの経験もないピッチャーで、江夏としては、そんな投手を準備させる意味が分からない。それに江夏は反発した。これも正しい。

二宮　古葉監督も江夏さんもどっちも正しい、と。

衣笠　そう。だって、江夏がもしあそこで「そうか、わしはもう交代か。しゃあないな」と思うようなピッチャーだったら、広島は負けていたはずです。

シーズン中から江夏がやってきた役割、古葉さんからの信頼を考えたって、江夏の気持ちがああなるのは当然で、そういうプライドが江夏というピッチャーを球界一の勝負師にしてきたわけだから。ただ、延長戦があるかもしれないあの場面では、古葉さんが江夏の次を考えるのも当然で、間違いとは言えない。

つまり、あのときの状況は古葉さんの考え、江夏の思いと正しいものが2つあった。あそこで間違っている人は誰もいなかったの。

江夏よ、冷静になってくれ

衣笠　ただあそこで一つだけ言えたことは、いくら江夏という絶対的な抑え投手であっても、精神的に違う方向、つまり戦っている相手に向かっていかなければならないエネルギーが、それ以外の方向へと向かっていってしまったら、この場面は抑えられないぞ、ということだね。

二宮 あの精神状態では、いくら江夏さんでも本領が発揮できないと。

衣笠 そう。あの年は最初から日本一になりたいと思って戦ってきて、それでリーグ優勝して日本シリーズの舞台に進んだ。そして現に第7戦で1点リードで9回裏、勝利目前までできている。今こうしてピンチを迎えてはいるけれど、マウンドには我々がシーズンを通して頼みにしてきたピッチャーが立っているんだから、抑えられないはずがない。ただ、今、そのピッチャーのエネルギーが違う方向に向かってしまっているという状況に陥っていた。

そのときに一番考えたのは、「彼は何で怒ってるの?」ということ。それを頭の中で整理したときに、シーズン中は「江夏で負けたら仕方ない」と言っていたはずの古葉さんがブルペンに投手を送って、交代の準備を始めたということ。そういうベースのところを考えたら、江夏がこれに反発しているのも正しい。一方の古葉さんが監督としてゲーム展開の可能性を考えて準備を始めたのも、監督というベースに立って考えたらこれも正しいわけ。

つまり、正しい者同士の考えが真っ向からぶつかっているわけだから、「困ったな」というのが正直なところだけど、僕はどうしても日本シリーズは勝ちたかったから、そのために今、しなければならないのは何かということを考えた。

僕は、江夏が実力を出し切ってくれたなら、このケースは絶対に抑えてくれると信じていた。勝つためには、江夏をいかに冷静な、普通の状態に戻すかということしかない。そう考えたら、僕はもう江夏の側につく以外に選択肢はなかったんだよね。

二宮　衣笠さんの冷静さがチームを救った。

衣笠　いや、冷静というより、ただもう勝ちたかったから。昭和50年のシリーズは一つも勝ってない。だから、何かやり忘れていることがあるぞって、あそこで気づいた。今年は三つ勝っているけど、三つじゃダメなんだよって。

二宮　四つ勝たないと。

衣笠　日本一は日本一にならないと分からないっていうのが、シリーズに帰ってくるまでの4年間で考えたこと。だから、今度は何がなんでも日本一にならないかん。なれる場面が目の前にきている。

だったらあとは、江夏をいかに冷静にさせるか。いや、別に必要以上に冷静になられても困る。元の状態、普通の状態に戻ってさえくれればいいわけよ。

二宮　後日、古葉さんにあのときのことを聞いたことがあります。こんなふうに振り返っていました。

「江夏には〝ここで代えられるのか〟という気持ちがあったのかもしれませんが、僕にそんな気持ちはまったくありませんでした。ウチに彼以上のピッチャーはいませんから。ただ7回2死から投げていてもう3イニング。監督の仕事として同点になって打席が回ってきたら江夏に代打を出さなきゃいけない。延長になったら次のピッチャーも用意しなければならない。だから〝一応体だけは作っておけよ〟といってブルペンに送り出したんです」と。代えるという選択肢はなかったようですね。

江夏　まあ、あのときの気持ちとしては、とりあえず、自分が見えるところでやってくれるなよ、ということだね。

本当はつらかった満塁策

二宮　再び9回裏に戻りましょう。アーノルドの代走として吹石徳一選手が起用されました。その吹石選手は次の打者、平野光泰選手のところで1－1からの3球目に盗塁を決めます。これでノーアウト二、三塁になって、また局面が変わりましたね。一打出たら同点、そしてサヨナラのピンチです。

江夏　二、三塁になった途端、すぐに田中尊《たかし》（総合コーチ）から「ここは満塁策や」と指示が出た。

二宮　定石どおりですね。

江夏　そうかもしれないけど、こっちにしてみたら、簡単に定石、セオリーと割り切れるもんじゃない。満塁というのは、フォアボールを出せないわけだから、ピッチャーにしたら本当にしんどい。しかも日本一がかかった場面だから。

二宮　日本シリーズ第7戦の9回裏、1点差のノーアウト満塁。一生に一度あるかないかの場面でしょうから、江夏さんほどの投手でもしびれるでしょうね。作戦としての満塁策は理解できても、投げる側からすれば「勘弁してくれよ」という感じでしょうか。

衣笠　まあ、投げているほうからすれば「簡単に満塁策だって言うなよ」というところもあるだろうな。ただ、あのときも一方的に満塁策と決めたわけじゃなくて、最終的には投げている江夏の気持ちを確かめて、「よし、満塁策でいこう」となったわけだけどね。

そう言えば、あのとき敬遠した平野は、一塁に来ても散々、文句を言っていたのを覚えている。「打たしてくれないんですね。なんで勝負してくれないんですか」って。

江夏　平野は高校時代に自分からホームラン打っているのよ。高校時代に3年間野球やってホームランを打たれたのはその1本だけで、しかも、外野手がバンザイして後ろに転がったランニングホームランだったからよく覚えている。そういうこともあったから打ちたかったんだろうな。でも、こっちも作戦なんだからしょうがない。

衣笠　一つ言えるのは、あの場面、相手としては一気に逆転のランナーを二塁に置きたいということだったかもしれないけど、こっちとしてはむしろ一、三塁のままのほうがイヤだったよね。

というのは、一塁を守っている側としては、ランナー一、三塁だとランナーの牽制があるからベースに張り付かなきゃいけない。それだけヒットエリアが広くなるということがある。それと、二、三塁になったところで、もう開き直るしかないという気持ちになったのも大きい。

二宮　なるほど。一、三塁だと満塁策をとらずに、平野選手と勝負したかもしれないということですね。しかし、江夏さんほどのコントロールのいいピッチャーでも、満塁策はしんどいというのが野球の怖さですね。

江夏　満塁っていうのは、打たれちゃいかん、歩かせちゃいかんとなるわけだから、そりゃあ、ピッチャーとしてはやっぱりつらいわけよ。しかも、あのときは次のバッターが代打の佐々木恭介。江夏対策として残していたのは、こっちも分かっていたから。

西本監督は足のある藤瀬、そして左殺しの恭介という二つの駒をあの回までちゃんと温存して、「ここが勝負や！」って、一気につぎ込んできているわけ。こうなったらピッチャーとしてはしんどいっていう気持ちしかないわな。

勝利からの逆算

二宮　満塁策はベンチの指示、作戦だからしょうがない、という気持ちですか。

江夏　いや、それはない。何よりも「野手が守りやすいように」するのがピッチャーの務めだから。投球のリズムやテンポを良くして守りやすくしてあげるのもそうだし、ベンチもそのための作戦だから、あそこは満塁策をとるのが最善なのは分かっていた。

二宮　誰の目にも敬遠が最善手であったことは間違いない。でも、江夏さんくらいコントロールいい人でも満塁になるのは嫌だとしたら、他のピッチャーはもっと嫌でしょうね。

江夏　ただ、ピッチャーの務めとして、やっぱり野手が守りやすい守備隊形、リズムを取ってやるというのはピッチャーの務めだから。

衣笠　そこへたどり着くまでには時間かかるわな。簡単にはいかんよ。

二宮　やっぱり信頼関係というか、実績というか、江夏さんだからこその安心感が守っている側にあるわけでしょう。

衣笠　そういう気持ちを持ってくれているピッチャーだからこっちも安心できるし、そういうピッチャーだから、反対の結果が出ても仕方がないと思える。

いくらいいピッチャーでも、たとえば江夏でも打たれることはある。じゃあ、江夏で負けたと。そのときにどう思うか。そこだよね。しゃあないじゃないの、アイツが打たれたんだから、と。そこで、やられたのを引きずらずに「仕方ないじゃないの」で終われる。「明日、勝ってくれるわ」って。江夏でも、そういう信頼関係ができるのには時間がかかったよね。

江夏　ピッチャーっていうのは、絶えず野手に守ってもらっているんだから、やっぱりいい守備をしてもらいたい。じゃあ、どういうリズムで放ったら野手は守りやすいのかと常に考えるわけよ。投球テンポだって長いのがいいのか、それとも短いのがいいのか。絶えずそういうのを野手に聞いて、守りやすいように投げるのがピッチャーの務め。

別に野手のために自分を犠牲にしてということじゃなくて、勝ちたいから、抑えたいから、そのために野手に援助を求める。野手に守ってもらわなければ勝てないわけだから、そこはこちらもできることはやるという、それだけだよね。
それを信頼関係というのかもしれないけど、信頼を求めるためにやっているわけじゃないよね。ただ勝ちたいからという、それだけ。
衣笠 ピッチャーって、マウンドへ上がって何が欲しいといったら、一番素直に言うと勝利投手でしょ。勝ち星。じゃあ、どうしたらそこへ到達できるかと考えれば、今、江夏が言ったことが全部、当てはまってくるよね。
二宮 勝つためにすべてが収斂《しゅうれん》されていくわけですね。
衣笠 そう。勝利という二文字の下にどういう方法論がつながっているか。一番下は何なの？　その上は何？　と順番につながっていく。それをちゃんと積み重ねれば、最後は一番上に勝利の二文字がくるようになっているわけでしょう。
二宮 勝つことから逆算していくわけですね、すべてが。
さあ、そこでノーアウト満塁のこのシーンです。近鉄の西本監督からすれば、代打の切り札、佐々木選手を願ったりかなったりの場面で使うことができるわけですから、監督冥利に尽きるでしょう。まさに勝利から逆算した上での選手起用です。一方の広島べンチも、勝利から逆算して江夏さんを7回からマウンドに送り、9回のこの場面では満塁策をとった。こちらも最善手です。

浮き足立っていた近鉄ベンチ

二宮　ノーアウト満塁で、代打の切り札にして左殺しの佐々木選手が打席に入ったあの場面、広島としては絶体絶命のピンチでしたが、あのとき衣笠さんはどういう考えでいましたか？

衣笠　僕はファーストを守っていたから、一塁側だった近鉄ベンチの様子が目に入ったの。満塁になったとき、近鉄ベンチの雰囲気が、もう勝ったぞっていう感じになっていたんだよね。それで僕は逆に、「これはうちが勝つぞ」と思った。

二宮　勝負はゲタをはくまで分からない。

衣笠　近鉄は完全に浮き足立ってしまっていた。

普通に考えれば、ノーアウト満塁だから1点は入ると。差は1点しかないんだからこれで同点だと。同点になれば、近鉄はホームで後攻だから、もう毎回サヨナラのプレッシャーをこっちにかけ続けられるわけじゃない。だから、「1点は入るぞ。1点入ったらもう相手は崖っぷちだ。勝てるぞ！」という騒ぎ方だった。それを見て、逆にこれは俺たちが勝てるぞと思ったの。

たしかにノーアウト満塁は広島にとっては大ピンチ、近鉄にとっては願ってもないチャンスかもしれない。でも、この時点ではまだ1点も入ってない状態なんだからね。そこで、もう勝ったような雰囲気になるっていうのは浮き足立っている証拠じゃない。それを見て「これはいけるぞ」と。

つまり、そうやって近鉄ベンチが勝ったような気になっているなら、こっちにチャンスがある。実際には、まだこっちが1点リードしているんだから。あとは、江夏が普通の精神状態に戻って、きちんと抑えの仕事をしてくれさえすればということよね。

「お前が辞めるなら……」

二宮　ところが、江夏さんはピッチャー二人がブルペンに行ったことでイライラしていた。それを見て取った衣笠さんは、佐々木選手の打席の途中でマウンドに向かいます。そこで、「お前が辞めるなら、俺も一緒に辞める」というような言葉をかけられたわけですよね。

衣笠　そう。あのシーズン、僕自身も散々だったからね（笑）。まあでも、僕がマウンドへ行って話している間に落ち着いてきたというか、ここまでくれば大丈夫かなという感じはあったね。

二宮　あの21球の中で、重要な意味を持つ有名なシーンです。江夏さんはどういうお気持ちでしたか？

江夏　自分の気持ちがどうこうという前に、局面だけから言っても、それはもう苦しいわけよ。マウンドに立つ自分の後ろには7人の選手が守っている。真正面にはキャッチャーが構えている。ベンチの中にも選手が控えている。ただ、あのときに誰が自分の気持ちを理解してくれていたか……。そう考えると、やっぱりあれは嬉しかったよね。

二宮　俺の気持ちをわかってくれるヤツがいたかと……。

衣笠　正直に言うと、そんなかっこいいもんじゃなくて、あのときはものすごく疲れていたの。第7戦まで死闘を尽くしてきたわけだからもうヘトヘトで、とにかく早く試合を終わりたかった。「この9回ですべて終わる。早く帰りたい」と思っていたし、延長戦を戦うなんて気なんてなかった。

それで声をかけにいったの。とにかくこの回で決着をつけて試合を終わらせたい。そのためには、とにかく江夏を冷静にさせなきゃいけないと、その一心だったのが正直なところだと思う。

二宮　衣笠さん、冷静ですよね、相手ベンチまでちゃんと見ていたなんて。

衣笠　いや、そうじゃなくて、もう勝ちたい一心ですよ。しかも、こっちは勝てるピースを持っていて、今、そのピースがマウンドにいるわけだから。

だから江夏にはあのとき、「変に内野ゴロ打たすなよ。そいつがエラーしたら一生、傷つくから」とも言ったのよ。これはあまり知られていないでしょうけど、本当の話。だって、あのノーアウト・フルベースで、我々内野を守っている人間からしたら、それが本音だから。

二宮　ショートを守っていた高橋慶彦さんはカチカチでしたもんね。のちに取材したときに高橋さんは「俺の所に飛んできたら絶対エラーしていた」って言っていましたからね。

衣笠　慶彦らしいな（笑）。いや、あの状況ではみんなそうですよ。だから、できれば佐々木は三振にとって欲しい。そして1アウトからゲッツー。それで日本一。それができるピッチャーなんだから。

紙一重のファウル

二宮　さて、ノーアウト満塁の場面に戻りましょう。ここまで代打の切り札を残し、願ってもない場面で起用できたわけですから、近鉄からすれば、「勝った」という雰囲気になるのも無理のないところです。ただ、ここから佐々木選手に対し、江夏さんの投球術が冴え渡るわけです。

江夏　あの頃、もう自分は若いときみたいな速い球は放れなかった。タイミングとコントロールで勝負するというか、若い頃の自分からすれば、逃げて勝負しているようなピッチャーだったわけよ。つまり、球威はないけど、それ以外で利用できるものはすべて利用する、というスタンスだった。

二宮　初球、江夏さんは右打者・佐々木の膝元に落ちるカーブを投じました。佐々木さんは足を痛めているという事前報道もありました。その足元付近にきた球ですから、佐々木さんはかすかに腰を引きました。江夏さんとしては、当然、そういう情報は頭にインプットされていた。

江夏　入る限りの情報は当然、耳に入れていたよね。それを使うかどうかは別問題だし、使ったとしても即結果につながるとは限らないけど、情報というものはあっても困るものではないから。

二宮　初球、インコースのカーブをボールにしてから、2球目はストレートでストライクを取ります。あの日は、雨が降ったり止んだりという天気で、あの場面でも小雨が降っていました。

以前、カーブを狙ったコースに配球するには、指先の〝しっとり感〟が重要なファクターになると江夏さんに伺ったことがあります。あのとき、雨模様じゃなかったら、投球内容も変わっていた可能性がありますか？

江夏　そうだろうね。利用できるものというのは、そのときの相手の状態、自分の状態もあるけど、雨とか風とかそういうものも全部入ってくる。あらゆる条件を考慮して投げるのが、抑えるための近道だから。

二宮　そして3球目は内角ストレート。これを佐々木選手が打って、三塁線のファウルになります。際どい打球でしたが、衣笠さんはあのときのファウルボール、ファーストから見ていてどうでしたか？

衣笠　佐々木は「入っていたんじゃないか」と今でも言っているらしいけど、こればっかりは審判がジャッジしたことだから、ああだこうだ言ってもね。

まあ、当事者の気持ちとしては、例の天覧試合で長嶋さんに打たれたサヨナラホームランを村山さんがずっと「あれはファウルだった」って言っていたのと同じだと思う。でも、あのときは、サードを守っていた三村にしても、よく分からなかったというのが本当じゃないかな。

二宮　三村さんは長身ではなかった。

衣笠　そう。守っていたのが木下（富雄）じゃなくてよかったよ。木下は背が高いからバウンドしたボールに届いていたかもしれない。そうしたらグラブに触れたボールがレフト線に転がってサヨナラ負け。そういう点では我々にツキもあったんだろうね。

投球術のすべてが入っていた佐々木への6球

二宮　このファウルのあと、4球目を投じる前に衣笠さんが江夏さんのところに駆け寄り、言葉をかけたわけですね。

衣笠　そう。江夏にはもう余計なことを考えてほしくなかった。ブルペンなんか気にせずに、ボールを持っているのはお前なんだから、キャッチャーとバッターだけ見てお前らしく勝負して、打たれるならすっきり打たれてしまえ、中途半端は許さんぞという感じだったね。

江夏　あれですごく気持ちが楽になったのは確かだよね。思いっきり勝負して、負けるならカーンと打たれて負けようという気持ちになれたから。

二宮　なるほど。そこで江夏さんも開き直ることができたと。その後、4球目もカーブでファウルをとり、5球目にインコースのボールゾーンへストレートを1球挟んで、三振をとる決め球になった6球目は、初球と同じインコースのストライクからボールになるカーブでした。

初球から投じた6球すべてのボールに意味があったわけですよね。佐々木さんは2球目のストレートをなぜ見逃したのかという後悔が今でもあって、夢に出てくると言っていました。

江夏　あれは打ってこないと見切った上で、思い切りストライクを投げ込んだボールだった。「2球目を打ってこないと思った根拠は何か？」とよく聞かれるんだけど、これは長年の経験と勘としか言いようがない。勘というといい加減なものと思われるけど、自分が長年やってきた積み重ねから生まれたものだから。

3球目は、打っても絶対にファウルにしかならないっていう球を放ったんだけど、三村があんなにジャンプしたのには驚いた。普段はあんなに飛ばないヤツだから（笑）。

その後、三振を取るまでの佐々木への配球パターンは、速い球がいかなくなってからはあれをするために長年やってきたと言っていいくらいの、まさに自分の投球術の集大成のようなものだった。

さっき言ったように、若いときみたいに力一杯の速球を放れるような状況だったらいいけど、肩も肘もボロボロで、昔みたいな速い球はもう投げられない。それでも、試合が決まるところの大事な仕事を任されて結果を出さなきゃダメだとなったとき、それならどうすりゃいいかとずっと考えてきた。

何度も言うけど、速い球は放れないけど、それ以外に利用できるものはすべて利用するということ。それが勝つための戦術であり、技術だから。あのときは、プロ野球生活で培ったものを全部出せたと思っている。

スクイズ外し――バットが下がるのが見えた

二宮　さて、佐々木選手を三振に切ってとって1アウト。大きな山を越えました。これで少しは気が楽になったのでは……。

江夏　いやいや、だってまだワンアウト満塁。一打逆転だから。

ただ、野球というゲームは面白くて、1点差の場合、ノーアウト満塁では強攻策だけど、ワンアウトになったら、まずは同点を狙ってくる。戦い方がコロッと変わってくるからね。だから恭介のときはスクイズはハナから警戒してなかったけど、次の石渡《いしわた》（茂）のときは「当然、スクイズやろうな」というのは頭にあった。あとは何球目に仕掛けてくるか。その読み合いだったな。

二宮　西本さんは2球目にスクイズを仕掛けてきました。これを江夏さんが外角高めに外して三塁走者をアウトにしました。今でも「あれは偶然のすっぽ抜け」と言う人がいますが……。

江夏　何をバカなことを言っとんのや、ということだね。自分はバッターの動きでスクイズと分かって、間違いなく自分の意思であそこへ放った。偶然だという言う人は、野球を知らない人だと言うしかない。まだ、そんなことを言ってんのは誰や？

二宮　あのとき三塁ベンチで古葉さんは「三塁ランナーの動きだけ見ておけ」と、ベンチの選手全員に伝えたと言います。それでスタートを切ったのが分かったら「いったぞ！」とベンチから声が出た。水沼捕手もとっさに立ち上がりました。そこに見事に投げた江夏さん、今なら「神ってる」ボールですよね。

江夏　これは年をとってからできるようになったことだけど、ボールを投げるときには、左目でキャッチャーを見て、右目でキャッチャーと同時にバッターも見ているわけよ。だからバッターに動きがあれば当然、分かる。それで、カーブの握りのままスクイズを外すボールを投げたということ。

二宮　あそこで石渡さんのバットが下がるのが見えた。断じて偶然なんかではない、ということですね。あの場面で江夏さんはカーブの握りをしていた。それで、「カーブの握りのまま外すなんていう芸当ができるのか？」という人もいます。石渡さんからもそういう話を聞きました。

江夏　あのスクイズのシーンで偶然ボールがすっぽ抜ける。そのほうがありえないことだと思うけどな。

二宮　なるほど。さて、この江夏さんの「神ウエストボール」によって、三塁ランナーを挟殺プレーでアウトにし、その後、石渡選手をこの日冴え渡ったインコースへのカーブで三振に切ってとり、カープは初の日本一に輝くわけです。

連覇しなければ〝まぐれ〟と言われる

二宮　この日本シリーズは、広島と近鉄、どちらが勝っても初の日本一だったんですよね。勝者と敗者を分けた要因はなんだったと思いますか？

衣笠　近鉄は初めてリーグ優勝して初の日本シリーズで、我々は昭和50年に一度、日本シリーズで負けた経験をしていた。それが54年に生きたんだと思う。グラウンドにいた両チームの選手みんな勝ちたかったはずだけど、カープのほうがより、その気持ちが強かったんだろうね。

結局50年に準備不足で負けたっていうのは、当時の選手たちは皆、知っていた。だけど、54年は、事前準備に怠りがなかった、今度は、さあ、このチームは誰を抑えたら勝てるかと、そういうところまできちんとできていたわけだから。それでも、野球というのは何が起こるか分からない。だからああいうこと（9回裏のピンチ）が起こったりするんだろうね。

ただ、今、時間がたってから思うと、近鉄が初めてのシリーズでなかったらやられていたかも分からんよね。近鉄は初めての日本シリーズだったけど、僕らは50年に一度、シリーズで痛い目に遭っている。その経験が54年には生きたと思う。つまり、みんな絶対に勝ちたかったはずなの。

二宮　カープはほとんど50年と同じメンバーでした。新戦力といえば高橋慶彦さんと両外国人くらい。

衣笠　そう。その違いが、たとえば、ノーアウト満塁で一打逆転サヨナラとなったところで、近鉄ベンチが舞い上がってしまったというところに出たんじゃないかと思う。

二宮　なるほど、ところで、これほどの戦いをして日本シリーズを制覇したわけですから、その後ホッとして気が抜けたりしませんでしたか？

衣笠　シリーズが終わって広島に帰る途中でふと考えたのは、「これだけのすごい戦いをして勝ったけど、まぐれと言われるかもわからんな」ということだった。

二宮　そんなことまで考えましたか？

衣笠　江夏と二人で大阪から帰ってくるときに、「来年は何をすりゃあいいんやろうな」「まぐれと言われるかもしれんな」とか話してて、それならばと思いついた。「じゃあ翌年も勝ってやろう。そうしたらまぐれとは言われんやろう」と。そこで次の年の目標ができた。

二宮　初の日本一に輝いた直後なのに余韻に浸る間もなく、もう翌年のことを考えていた、と。

衣笠　試合が終わった瞬間、というと大げさだけど、本当にそう思っていたね。2年続けて勝とうなって。だから翌年も日本一になって、2年続けてシリーズで勝てたっていうのは最高の思い出ですよ。

二宮　セ・リーグで日本シリーズを連覇したチームは、あのときのカープ以降、一度も出ていません。連続日本一の難しさを感じますね。

衣笠　勝ったから言えるのかもしれないけど、あのときの広島はたしかに強いチームだったと思う。

二宮　古葉さんは、昭和50年の初リーグ優勝の後、山本浩二さん、衣笠さんを中心にしながらも足りない部分をどう補うか。そのことばかり考えていたそうですね。

衣笠　そうだろうね。江夏をとったというのもそういう部分ではどんぴしゃりの策だったわけで。54年、55年はベテランと若手のバランスも良かったし、穴もなかった。日本シリーズ連覇はそういうことの積み重ねで成し遂げたんだろうね。

ムカついた原因は寝不足だった？

二宮　2年連続で日本一になると、その翌年の目標は当然3連覇ということになる？

衣笠　もちろん。2年勝つとまぐれじゃないと相手も認めてくれる。それでカープに対するマークもきつくなる。そういう中で3連覇したら本物やろう、と思っていたけど、56年はこいつがおらんかった。

江夏　アハハ、すまんな。

二宮　カープが連覇した後、江夏さんは日本ハムへ移籍し、56年に日本ハムをリーグ優勝に導いたことで以後、優勝請負人と呼ばれるようになります。そのお話はまたのちほど伺うとして、54年のことで最後にひとつ。あの日本シリーズの第7戦、江夏さんはその日の朝まで徹夜で麻雀をしていた、とテレビ番組で話していましたが、あれは本当ですか？

江夏　ああ、ほんまや（笑）。朝の7時か8時くらいまで夜通し麻雀をして、すぐに出かけられるようにユニフォームに着替えてから、ちょっとだけ寝た。

二宮　大事な第7戦の直前、しかも、あの頃の日本シリーズはデイゲームですよ（笑）。

江夏　しょうがない。自分にとっての唯一の気分転換なんだから。サチ（衣笠）やジンタ（水谷実雄）は酒で気分転換ができるけど、自分は酒が飲めないから麻雀しかなかった。野球を忘れる時間がなかったらパンクしてしまうやろう。

二宮 それにしても徹夜とは……。
江夏 だから本当言うと、9回にムカっときたのは寝不足もあったんや（笑）。
二宮 アハハハ。そんなこと、今になって言われても困りますよ（笑）。山際淳司さんはじめ、多くのライターが筆を競う〝球史に残るドラマ〟になっているわけですから。
江夏 今の時代、そんなことをする選手はおらんだろうけど、まあ、そういう時代だったんやね。

第三章

昭和プロ野球は職人の世界だった！

——そこには育てる思想、技術の伝達があった！

キャッチャーを傷つけない

二宮　この章では、お二人の体に染み込んだご経験から、昭和プロ野球の奥深い部分を読者の皆さんと分かち合いたいと思います。

まずは、リードに関してちょっとお聞きしたいと思います。よくキャッチャー主導のリードとか、ピッチャー主導のリードとか言われます。もちろんこれはケースバイケースなんでしょうけど、〝21球〟を演出した江夏さんと水沼さんの間では配球はどう決められていたのでしょう。

江夏　いや、それは、表向きはやっぱりキャッチャーがリードしているという形がベストだから、自分が一番心掛けたのは、「嫌だな、このボール」と思ったら、ストライクを投げずにボールを放るということ。キャッチャーが出したサインに首を振るということは失礼でもあり、キャッチャーが機嫌を損ねたり、自信をなくすということが起こる。それはダメだから、そういう技術を覚えたということだね。

二宮　でも、それができるピッチャーはそうはいないでしょう、衣笠さん。
衣笠　それは無理だよ。
江夏　でも、それをしなきゃダメだよね。
衣笠　江夏からこういう言葉が出てくるというのは、受けるキャッチャーが次々に代わったということ。ずっと阪神にいたとしたら、今の言い方はしないと思う。
いろんなキャッチャー、それもそのチームでレギュラーを張っているキャッチャーから、自分の投げたいボールと違うサインがくる。そのときに、自分はどうしたら一番キャッチャーを傷つけずにすむかと考える。キャッチャーを傷つけないということは、自分が気持ちよく投げるための一番の近道なの。キャッチャーとケンカしたって、いいことなんか何もないんだから。
二宮　衣笠さんもキャッチャー出身ですからね。
衣笠　うん。キャッチャーからすれば、このピッチャーがこのボールを投げるときは、毎回、決まってボールになるとか、ちょっと変な投げ方をしてくると。ということは、このピッチャーはこのボールがあまり好きではないなっていうのが理解できるようになる。そうなればキャッチャーとしては一流でしょう。

　今の江夏の言葉というのは、やっぱり受けるキャッチャーが次々に代わったことに原因がある。その中で、自分らしさを出すにはどうしたらいいかっていうことになると、このピッチャー、このボールは嫌なんだなとキャッチャーに分かってもらうボールを投げるしかない。江夏が言いたいのはそういうことでしょう。

　逆に言えば、江夏にはそういうボールを投げるだけの自信と余裕があるということ。でも、そんなことは誰にもできない。

なぜ配球サインが始まったのか

二宮　今、キャッチャーの話が出たので言いますと、日本では野球は配球がすべて、その配球はキャッチャーがすべて決めているみたいなキャッチャー中心の野球観が定着しています。しかし、一方でメジャーリーグでは、主にピッチャーが配球を決めます。だから米国ではキャッチャーのことを〝女房役〟などとは言いません。

江夏さんの場合は、キャッチャーにお伺いは立てるけど、基本的にはピッチャーが決めているという立場ですよね。ところが、最近のピッチャーの中には、「キャッチャーの言うとおり、ミットだけをめがけて投げました」という者もいる。基本的にいいピッチングができればどちらでもいいわけですけど、この日米の違いはどこに起因しているのでしょう。

衣笠　野球の進化の道を考えるとき、なぜ球種のサインを出すようになったかということ。キャッチャーが危ないからサインを決めたわけでしょう。昔、まだプロ野球ではなく、大学野球が日本で始まったばかりの頃、アメリカへ遠征した早稲田大学がアメリカ野球の技術や練習法を学んで帰ってきた。このときにバッテリー間のサインが始まったと言われている。それはキャッチャーが危ないからなの。

二宮　打者を打ち取るためではなく、キャッチャーが身を守るためだったと？

衣笠　そうです。あの当時はまだストレートとカーブしかないんだけど、だんだん真っすぐのスピードが速くなってきた、カーブの切れもよくなってきたと。そうなると、ピッチャーに好きに投げられると、キャッチャーが危険な状態になってきた。それでサインを決めたという話を聞いたけど、これは納得できる。
ということは、そもそも誰が球種を決めていたの？　ピッチャーということになる。

二宮　主導権はピッチャーが握っていたと？

衣笠　それがいつの間にか変わってしまったというのが本当のところ。今の時流には合わない言い方かもしれないけど、本来先発ピッチャーというのは、投げる前の晩に、少なくとも27個のアウトをどうやって取るかぐらいのシミュレーションをしてから現場に来るべきでしょう。それが、キャッチャーのリード、リードとばかり言うのはどんなものか。キャッチャーに任せていたら、ピッチャーは何にも考えなくなってしまう。

二宮　説得力のあるお話ですね。

衣笠　全然考えてないよね。グランドに行って先発ピッチャーの顔を見るとよく分かる。よく寝ましたっていう顔をしているから（笑）。

理想のピッチングは三球三振

江夏　突き詰めるべきは、ピッチングの理想は何かっていうことだよね。そもそも野球が始まったときには、変化球なんてなかったんだよ。ピッチャーとキャッチャーがいたら、ピッチャーはど真ん中に真っすぐを投げ込んでいればよかった。

　それがど真ん中ばかりでは打たれるから、コースに散らすようになった。それでも打たれ出して、変化球が誕生した。だから、一番の原点は真っすぐを真ん中に三つ投げること。自分ならアウトコースに三つポーンと放って、三球三振。これが理想だし、原点。今の野球にはそれがないんだよね。

　真っすぐ投げました、次、変化球です。アウトコース投げました、次、インコース。インコースの次はアウトコースと、あちこちに投げようとするから、ピッチングを難しくして余計にコントロールをなくしている。

　本当はできれば、アウトコースだけ、もっと言えばど真ん中だけ。ど真ん中に三つポーンと放って終わればベストなんだよ。ただ、それじゃあ打たれる率が高くなるから、コースに投げ分ける。それでも打たれるから変化球。昔なら、ドロップ（落ちるカーブ）だよね。初めはそれくらいしかなかったんだよ。

それが中上英雄さんがスライダーというボールを覚えた。杉下茂さんのフォークボールも現れた。それ以外に今で言うカットボールやツーシームなんて昔もあったわけ。ただ、そういう言葉がなかった。昔は何と言ったかいうと「特殊ボール」。その人しか放れないようなボールをそう呼んでいた。

それから時代がたって、どんどん変化球に名前が付いて、それが流行語にまでなったりして。我々の時代、チェンジアップなんていう言葉はなかったもんな。

衣笠　チェンジアップはアメリカから入ってきた言葉だよね。

江夏　そう、アメリカから入ってきた野球流行語の一つだよね。

確実にストライクを取れるのが初球のアウトロー

二宮　江夏さんがおっしゃったアウトロー三つ。野村さんはそれを「原点投球」と呼びますね。バッターの立場からしても、アウトローが一番打ちにくい。つまり一番、被弾のリスクが小さいコースという解釈でよろしいでしょうか。

江夏　たとえば、ホームランではなくヒットを打つタイプのバッターが、1球目にきたアウトコースの低めに手を出すということは確率的には少なからずある。でも、ホームランバッターはランナーがいない限りまず打ってこない。

　ということは、アウトローで間違いなく1球はストライクが取れる。そういうふうに、自分のボールに対する自信、どの場面でどの球だったら絶対にストライクが取れるか。それをどれだけのピッチャーが知っているかだよね。

二宮　江夏さんや野村さんといったレジェンドたちが原点投球と言っているにもかかわらず、その精度が高まらないピッチャーもいます。原因はどこにあるのでしょう？

江夏　そこに投げる技術がないんだもん。
二宮　それは理解力も含め資質の問題なんですか。それとも練習の仕方が悪い？
衣笠　ものすごく難しいことを聞くね（笑）。
練習してできるもんなら、とっくにできているよね。もう一つ、それをブルペンではできていても試合で出せないというケース。その場合、どこに原因があるかと言えば、メンタル面よね。そこをどう鍛えるか。メンタルを鍛えるといったら、実際の試合における経験だよね。ということは、試合に使ってやって慣らすしかない。それでもできなかったら仕方ないという話かもしれない。
だから、まずブルペンで、本当にそこへ投げられるようになるかどうかでしょう。でも、キャンプに行ってブルペンをじっと見ていると、10球アウトコースへ続けて投げようとする投手がいない。必ずしもコーナーにビシッとこなくてもいい、そのあたりでいいのよ。そこに投げようとする気持ちを持って10球続けて投げるという練習をもうちょっとしてくれると……。

コントロール磨きはトップの位置から始まる

衣笠　ピッチャーのコントロールの話で言えば、たとえば、僕らが下手なゴルフをやるわけよ。そうすると、なぜ俺のボールは右へ行ったり、左へ行ったりするのかと思って聞くじゃない。そうしたら、あるプロがこう言った。「衣笠さんはトップの位置がバラバラですよ」と。

確かにそう。プロのゴルファーは、トップの位置（バックスイングから振り下ろすときに一瞬止まる位置）が全部、決まっているけど、我々みたいなアマチュアは決まらない。その差なの。

野球も同じ。ピッチャーのトップの位置がしっかり決まっていれば、ここ一番で狙ったところへボールが行くのよ。テイクバックしてバッと足を踏み出したときに、どこにボールがあるか。これがつかめた人はコントロールがいいよね。体が左右に割れたときのグローブの位置、ボールを持った手の位置。これが決まれば、あとはひっくり返すだけ。そうでしょう？

江夏　そのひっくり返すだけが難しいんだけどな（笑）。

衣笠　基本はバッターでも同じ。そういう体の位置をどうやって覚えるかなのよ、若いときに。

二宮　当然、ピッチングコーチもいるわけですが、そこまで指導するのは難しいものですか？

江夏　最近のピッチングコーチは、そんなのはできるもんだと思って見ている。そこをきっちり指摘できる人は最近、見ないよね。

二宮　それがピッチングコーチの仕事だと？

江夏　当然そうだよね。トップの位置が決まらないとあとの動きが全部決まってこない。トップの位置まで来て、そこから手が動いたらもう終わり。じゃあ、まず膝から動くのか。膝と言っても右左どっちの膝からとか、考えだしたら嫌っていうほど細かいポイントはあるわけ。まあ、普通の人が聞いても分からんよね、こういう技術的なことは。

衣笠　しかも、一人ひとりその人の感覚が違うから、そういうことをいろいろ考えながら、試しながらという道を通らないと、自分のフォームはできてこない。バッターでもそう。バットを構えて、バットの位置が決まりましたと。さあ、次はどこから動きますかっていうことから始まる。

最初はひどかった大野豊

二宮　衣笠さんは打席から相手ピッチャーを見ることに加えて、ファーストやサードから味方のピッチャーも見てきました。内野手目線で見たときに、〝こいつは一流になるぞ〟と判断するポイントは？

衣笠　体の使い方を見ていると、だいたい分かるような気がするね。

二宮　カープ史上最多の213勝を記録した北別府さんが入ってきたときも？

衣笠　彼はもう入ってきたときから体の割り方、体の使い方がうまかった。北別府のあのカーブ、誰に教わったのかなっていうぐらい、よく落ちていたもの。津田（恒実）も入ってきたときから良かったよ。

二宮　そうなるとピッチャーは、野手のアドバイスも聞いたほうがいいかもしれませんね。

衣笠　いや、それはやっぱり投げている人でないと、最後の感覚が分からないから。

江夏　でも、誰が伸びるかぐらいは分かるだろう。

二宮　ドラフト外入団の大野さんなんかはどうでした？

衣笠　大野は苦労したね。

二宮　一番苦労したのは江夏さんでしょう。

江夏　あれはもう、力で投げたがるんだよね。細いんだけど、体が強いから。

二宮　最初あれだけギッコンバッタンしていたのが、きれいなフォームになりました。

江夏　なるもんだね。大野も辞める頃は左右にピシッとボールを投げられるし、低めにはきっちり投げるし。

二宮　あれだけ変身したピッチャーは珍しい。

衣笠　入ってきたときの大野から見たら、別人じゃないの？　っていうくらいにね。

江夏　最初、日南キャンプのブルペンで見たときは、何じゃこれと思うくらいひどかったもんな。忘れられんわ。

二宮　大野さんは、古葉さんが江夏さんに、「一人前に育ててくれ」と言って預けたそうですね？

江夏　最初は、日南キャンプのライトのほうにピッチャーが着替える小屋があって、そこからブルペンで投げている大野が見えたんよね。ひどいフォームで放っていたから、柴田（猛）コーチに「あれはどうしたん？」って言ったら、「ひどいやろう？　あんな採るんやで」って言う。

でも、6球か、7球のうち1球ぐらいはすごい球を放る。面白いなと思ったよ。柴ちゃんに聞いたら、ほとんど使い物にならんと言うので、「じゃあ、俺、見てもええで」という感じで言ったの。それで柴ちゃんが古葉さんに話して、古葉さんから自分にきたのかな。一人前にしてやってくれ、と。

二宮　指導の最初のきっかけは柴田さんだったんですね。

江夏　それから古葉さんが「どうや？」って言うので、「いや、ひどいフォームですね。あれ一度、全部バラバラにしないと、あのままじゃ無理です」と。じゃあ、お前に預けるっていうことで、教え始めたんだよ。

天才であると同時に秀才、江夏

二宮 バラバラにするといっても、どこから手を付けたんですか？

江夏 もう一から。キャッチボールから。遠投まではいかないけれど、大きなフォームで、バッテリー間よりも、もうちょっと長い距離で。

二宮 塁間とか？

江夏 そう。そのくらいの距離で放らせて、正しい回転のボールが行くようにと、そこから入っていったわけよ。投手も打者も、フォームというのは下から直していくのが基本。だから、足の上げ方から直していったんよ。

二宮 ほとんど〝解体作業〟ですね。

江夏 大野に「お前、一緒に俺と野球やるか？」と言ったら、「やります」と。「ただし、俺はきついぞ。ついてこられるか？」と聞くと、「お願いします」ということで、「じゃあ、やろう」となった。

衣笠　でも、江夏と一緒にやったら楽でいいよ、走らんでいいから（笑）。でも、本当に一番難しいのは、江夏は投げるときの形なんて自然にできちゃう人だからね。これは僕から見たら天才と思うくらい。そう言うと本人は嫌がるけど、本当にそうだから。

二宮　確かに天才。教科書のようなフォームでした。

衣笠　ボールをパッと持って、スッと投げる動作に入っていったら江夏はもう自然に形になってしまうけど、大野はならんのよ。その形に持っていくというのが、大野にとってはものすごく難しいわけ。

二宮　これは教えてできるものじゃない。

衣笠　そう。ただ、江夏はそれ、考えなくてもできてしまうわけでしょう。そういう人間が、きちんと理論的に説明できるっていうことが本当に不思議なの。

たとえば、長嶋さんにバッティングのことを聞きに行くと、みんな訳が分からないと言うでしょう。僕もそうだった。僕が聞きたいのは下半身の動きの話なんだけど、長嶋さんは腰から上の動きしか知らない、というか考えたことがない。

二宮　天才だから（笑）。

衣笠　そう。「すいません、この左の膝を内側へ引いたとき、それは斜めか、上か、どうなんでしょう？」なんて聞いたら、「何、考えてるの。ボールが来たらコーンと打つんだよ」って、そういう話になっちゃう（笑）。

長嶋さんは、そんなことは考えなくてもできる人。膝は勝手に動くの。それを同じようにやれとただ言われても、できませんよ。だから、大野が江夏によくついて行ったというのもあるかもしれないけど、きちんと説明して大野を一人前に育てた江夏は偉いと思う。

二宮　天才でありながら、秀才。

江夏　自分を基準にするとなかなかうまくいかない。だから、根気だろうね、人と一緒に勉強するというのは。今でこそ、こんなことも言えるけど、やっているときはもうカチーンときて、結局、2回手が出たかな。

二宮　一回は、キャッチボールでの出来事だったと聞いたことがあります。

江夏　こうやるんだと教えた基本的なことをやっていなかったから。

衣笠　本人としては結果が欲しいもんね。

江夏　基礎を積み上げている途中で結果を求めるほうに行ってしまうと、教えている側としては、「お前、言っているのと違うことをしたろう」という話になるよね。そうしたらまた元へ戻るしかない。

二宮　プロ野球はある意味、職人の世界。どういうお師匠さんに教わるかで技術の質が違ってくる。最近は職人気質のコーチが少なくなりましたね。

衣笠　そう。だから、どんどん選手の腕が落ちていくじゃないですか。「すごいね」っていうプレーが少なくなったでしょう？

日本ハムと広島は全く違った

二宮　ところで江夏さん、広島で2年連続で日本一になって、日本ハムに行ったときはどうでしたか。江夏さん自身については広島同様、もう全部任せるぞということでしょうけど、チームの熟練度は決して高くなかった。

江夏　昭和56（1981）年の最初の年は、前期あまり良くなかったんだよね。それでも大沢さんは一言も文句を言わずに、「使った俺が悪いんだ」で終わりにしてくれたから、それはありがたかった。それを言われるとピッチャーはたまらんから。

二宮　移籍された年、日本ハムを東映の時代を除けば初優勝に導きます。

江夏　広島の54年のときは、別に自分がいなくても勝ったと思う。それぐらいいいチームだったから。そこにたまたま自分が入れてもらったということ。でも、日本ハムはちょっと違った。55年までカープで練習していて、56年にハムの練習に行ったら、まるで高校生と大学生の違いだったからね。

二宮　そんなに違いましたか。

江夏　だって、当時はまだソレイタとクルーズがいない。フリーバッティングでオーバーフェンスがないんだから。

二宮　あの当時のメンバーは……。

江夏　チャボ（島田誠）、菅野（光夫）、高代（延博）。（柏原）純一もいたな。
でもまあ、戦力からすると月とスッポンと言ったらオーバーだけど、それぐらい広島と比べると日本ハムは弱かったよね。でも、何とか後期優勝して、前期優勝のロッテにも勝って。あれは勢いで勝ったようなものだけど。

二宮　日本ハムではキャッチャーを育てましたね。

江夏　大宮龍男。まだキャッチャーは加藤ドン（俊夫）がレギュラーだったからな。大沢のおやじが、「ドンは肩が弱いから大宮を何とか育ててくれ」と。育てると言っても、試合の中でやらんといかんわけ。

キャッチャーの育て方

二宮　先ほどピッチャーの大野さんを育てたお話を伺いましたが、ここでちょっと江夏さんに、キャッチャーの育て方というテーマでお伺いします。江夏さんは広島のときは、達川（光男）さんを育てた。「1万球捕れ」と言われたと、達川さんは語っていました。そして日本ハムでは大宮さんですね、若いキャッチャーを育てる上で何が一番大事でしょう？

江夏　まずキャッチャーの性格だよね。大宮と達川では性格が全然違うからね。タツは叩いてもこたえない男だから別にガンガンやっても構わんけど、大宮の場合はガツンとやるとシュンと落ち込むタイプ。その代わりおだてると、どんどん乗ってくるタイプだから。

大宮の場合、地肩は強かった。でもまだ若かったから、いかんせんリードのほうが全くダメだったね。だけど試合で首を振ると、すぐにリードに自信をなくすわけ。それ以上に困ったのは、当時のハムの内野陣は、柏原、菅野、高代、古屋（英夫）ね。ゴーヨンサン、ロクヨンサンのゲッツーが取れないのよ。

二宮　セカンド菅野さんの肩が弱いと。

江夏　そう。菅野から高代のヨンロクサンのゲッツーは取れる。だからセカンドゴロを打たせないといかん。ショートゴロだと、菅野はもう取るのが精いっぱいで放れない。それはもう見たら分かるじゃない。だから工夫したよね、自分で。

初めからね、大宮には「おい、うちの内野はロクヨンサン、ゴーヨンサンは無理や。ヨンロクサンや」と。「最終的にセカンドゴロを打たせるようなリードを、俺も考える

から お前も考えろ」と言っておいた。
　で、相手が右か左か、ホームランバッターか当ててくるバッターかでも当然違うし、ケースバイケースで考えていった。ただ、当時のホームグラウンドだった後楽園球場は人工芝で、これがまた難しいんだよね。打球が速くなるから。
二宮　すべてを考慮しなきゃいけない。若いキャッチャーをベテラン投手が育てた例といえば、工藤公康投手がダイエーに行ったとき、打たれるのが分かっていても城島健司捕手のサイン通り投げてやって、リードを覚えさせたという話があります。
江夏　打たれてもいいケースではそれもあるね。でもそれは、自分でスコアと相手ベンチにどの選手が残っているかも含め全部チェックしていないとできない。ちょっと苦手なヤツが残っている場合は、このバッターを必ずとるとか、反対に、このバッターはフォアボールでもいいし、打たれても次のバッターは別に怖くないなら大丈夫とか、そこらへんは全部計算する。でも別に俺は、大宮を育てたなんていう気持ちは全くないよ。
二宮　ヨンロクサンの話に戻りますと、いくらセカンドに打たせると言っても、江夏さんくらいのコントロールがないと、そこに打たせるのは簡単ではない。

江夏　人に言うからには、やっぱり自分がそれだけのことをしないとダメだよね。自分も勉強したし。

次の対戦のために「エサをまく」

二宮　以前江夏さんにお話を聞いて、そうなんだとヒザを叩いたのが、例えば5対1の試合だったら、2点ぐらいやってもいい、ということ。三者凡退で終わったら何も分からない、どこが打てるか打てないか試せばいいじゃないかという話です。へえ、と思いましたね。

この話を聞くまではリリーフ投手の仕事を評価する上で防御率を重視していたのですが、それはあくまでも目安の一つに過ぎないことが理解できました。

江夏　投げているイニングが少ないから、たとえば1回で3点取られたらボーンと上がるし。リリーフピッチャーの防御率というのはある程度の目安にはなるけど、それほど大事なものじゃないと思う。それよりも、エサをまくことのほうが大事。よくそれをやって怒られたけど（笑）。

二宮　次の試合に生かすために。

江夏　そう。若いのが出てきたらどこが打てるのかを探る。そして打たれる。サチなんかは怒るわけよ。はよ終われと。だけど、これは次の対戦のための資料づくりだから。防御率のタイトルを狙うような立場なら別だけど、そもそも投球回数が全然足りないんだから。それよりは次の機会に役立つようにという、そういう考え。

二宮　江夏さんの話を聞いて目からウロコが落ちました。まさか次の対戦、次の試合のことまで考えていたなんて……。つまり江夏さんがランナーを出しても、それは〝偽装ピンチ〟だったわけですね。何でこんなバッターに打たれるんだろうと首をかしげたこともありますよ。

江夏　少なくとも自分はそういう考え。ただ、それをあまり声を大にしては言えないよね。リリーフで0点台とかいう人がいるわけだから。でもそれがすべてだとは思わない。

二宮　最近のプロ野球で、江夏さんから見てこいつは考えてやってるな、というリリーフピッチャーは？

江夏　あんまりいないね。もう。今の抑えは1回限定で、何が何でも抑えにいっているような感じ。そこまで一生懸命やらなくてもいいのにな、という場面はたまにあるよね。

二宮　昔の抑えは2回、3回投げていましたからね。

江夏　我々のときは7回から行くときもあったからね。まあ、自分がやっている間に1回限定になりつつあったけど、そんなふうになるとは想像もつかなかった。7回からが抑え。そういう考えでやっていたからね。

いいピッチャーは少しずつコースにいく

衣笠　最近のピッチャーが見ていて楽しくないという話に戻ると、1球目からこれで入ってきたかと思うことが最近は多い。なぜかと言えば、初球からみんな勝負するようになったからだよね。

昔だったら、まずこれを見せて、これでファウル打たせて、これで勝負するんだなっていうのがあった。たとえばキャッチャーをやっていると、いいバッターのときは5球で考えるわけ。今は5球を考えるようなピッチャーはまず見ることがない。
　そもそも、ファウルを打たせるテクニックを持ったピッチャーがもういない。ファウルというのは一つカウントを稼げるのに、それを使うピッチャーがいない。だから見ていて楽しくないよね。

二宮　5球勝負ですか。

衣笠　基本形が5球。だからピッチャーが三人で抑えるときは、1イニング15球まで。

江夏　いいピッチャーというのは、初球は甘いかも分からない、でも2球目、3球目とちょっとずつ厳しくしていて、勝負球はもうコース一杯。これがいいピッチャー。
　勝てないピッチャーは、初球はバチーンってすごい球放るんだ。「おお、いい球放るな」と。でも、だんだん2球目、3球目と中に甘く入っていく。

衣笠　そうなると、本人が苦しむ。2球目、3球目と、1球目以上のボール投げたがるわけ。もうキャッチャーがあれほど腹の立つことはないよね。「お前、それ以上のボールはないだろう」って思うんだけどね。

二宮　初球、ダーンッとアウトローへいい球を放るピッチャーはたくさんいます。しかし、勝てないピッチャーは2球、3球と続かない。

衣笠 初球からいいところへ行っちゃうもんだから、本人はそれ以上のものを投げたいわけ。あれ、キャッチャーはすごく困ってるよ。

江夏 だから、3球勝負してツーナッシングから打たれたピッチャーが非難を浴びるんだよ。別に3球勝負は悪くない。1球目はど真ん中に行ってファウルされる。2球目、ちょっと横に行って見逃し。で、3球目にコース一杯にいい球を放れるんなら3球勝負でいいわけよ。それが1球目、2球目もコースに最高の球を放っておいて、それ以上のボールがないのに勝負に行くとやっぱり打たれるよね。

今の選手はデータに縛られている

二宮 江夏さんの場合はケースバイケースでしょうけど、取りあえず1球目は、基本のアウトロー。

江夏 うん、アウトローか、外からのカーブね。

二宮　まずはストライクを一つ取ると。

衣笠　ケガをしないように。

江夏　アウトローの真っすぐや外から入ってくるカーブをアベレージヒッターはちょこんと合わせて打ってくる場合があるけど、振ってくるバッターは見逃すからね。

衣笠　絶対に振らんよね。

江夏　それはもうこっちも分かっているから。

二宮　まずストライクを一つ取っておいたら有利になると。野村克也さんが「原点投球はアウトローや。江夏は目つぶっててもそこに放ったもんや」と言いますね。一方で、江夏さんは「初球の入り方が一番難しい」とも言っている。

衣笠　初球の真ん中のストレートを簡単に見逃すバッターがものすごく増えてきた。特に若いバッターが見逃す。何を待っているんだろって思うよね。

江夏　1球目、2球目の甘い球を見逃して、3球目、4球目の難しい球を打とうとしているからね。打てないバッターは往々にしてそれが多い。

二宮　スコアラーからくる情報で頭が一杯になってしまっていると？

衣笠　データをもらってこれだと決めると、その球しか待てなくなる。ピッチャーもそうよね。もう初球からフォーク。勝負球。「あのバッターは初球から打ってくるぞ」というデータがあってそうするんだろうけど、どれがこの人の決め球なんだろうって考えてしまうようなピッチャーが結構いる。

相手が待っているところで外す技術

二宮　バッターの飛距離というものは、ある程度は先天的なものがあると思いますが、これは筋力トレーニングなど工夫次第で伸びるものでしょうか。

衣笠　今の時代はいろいろ打ち方の理論もあるし、パワーをつける道具もそろっているから、そこを目指せば飛距離が伸びるやり方はあると思う。

二宮　衣笠さんは、ヒットよりはボールをより遠くへ飛ばしたいというタイプでしたね。

衣笠　僕はメジャーリーガーでも飛ばすタイプのバッターが好きなの。好きだからそういうものを追いかけた。もっとイチローが早く生まれていたらヒットを打つタイプのイチローが好きになって自分もそういうタイプになっていたかもしれない。

二宮　自分の姿をどちらに重ねるか。

江夏　ピッチャーも同じじゃない。三振を取りたいピッチャー、1球目、2球目から凡打に打ち取っていくピッチャー。どっちになりたいかということだよね。

二宮　三球三振で終わったら81球、凡打なら27球で終わる。江夏さんは両方を極めようとしたピッチャーですよね。

江夏　それはまあ、先発とリリーフと両方やったからだけどね。だから27球で終わらそうと思ったら、相手が待ってるところへ放らないかん。

衣笠　そうだね。待ってるところの付近に投げないと手を出さないから。

江夏　リリーフになると、それを求めるわけよ。でも、そのコントロールというのは、どれだけ高度かということだよね。前にも言ったように、若い時はもう三球三振で片付けちゃうのが理想だった。アウトコースをポンポンポンと三つ放って、見逃し三振。これができれば理想。

衣笠　ピッチャーがアウトコースにズバッと投げて、バッターが見逃して三振という場面。ピッチャーは、バッターが手が出なくて見逃したのが分かるわけ。そのとき、前の足を軸にクルッと後ろに回って見せるあの満足そうなピッチャーの顔。ほんまにこいつは満足しているんだなって思う。要するに、ピッチャーというのは基本的に、やり始めた時から三振に対する憧れがあるの。

バッターだったらホームラン。野球を始めたばかりの小さな子に「何したい？」って聞くと、「ホームラン打ちたい」って言うんだもん。「そうか、じゃあホームラン打つにはどうしたらいい？」って言うと、「当たったらホームランになるんだよ」って教えてくれる。バットに当たらなきゃホームランは打てないって、みんな知ってるんだよ。

二宮　最初からバントのうまい選手になりたいという子どもは、まずいませんよね。

江夏　だから、遠くに飛ばせる、速い球を投げられる、足が速いっていうのは、これはやっぱり持って生まれた喜びなんだよね。

デッドボールは恥ずかしい

二宮　ところで、衣笠さんにお聞きしたかったのは、連続試合出場の記録を作られたということは、大きなケガをしなかったということですよね。デッドボールの逃げ方がうまかったと、多くのピッチャーが口を揃えます。

衣笠　いや、もう運がよかっただけですよ。だけど、広島に入って、今トレーナーをやっている福永富雄さんのお兄さんが2年ほど教えてくれたの。結局、逃げるときは体を回転させて、ボールにまともに当たらずにスリップさせるということだと。

江夏　日本人は逃げ方が下手なんだよ。飛んできた打球をスタンドで受けるのを見ていても、アメリカ人は衝撃を避けるのがうまいもの。

衣笠　向こうのピッチャーは、ファームのときからフリーバッティングで当てて笑っているからね。それはバッターも逃げる方法考える。

江夏　ただ、分かってもらいたいのは、プロ野球のみならず高校野球でもデッドボールを当ててしまうのは恥ずかしいということ。今のルールは、当たっても、バッターが逃げる意思がなかったらデッドボールではないと。こんなルールだとピッチャーの技術が上がらない。当てたら恥ずかしいという気持ちにならないと。

衣笠　そうだね、厳しいところを狙って当てたとしても、それは単なる失敗だから。

一番怖かった田淵のデッドボール事件

二宮　デッドボールで思い出すのは、阪神の田淵（幸一）さんが外木場さんにぶつけられて、あれから耳あてヘルメットが義務づけられたという事件です（昭和45年8月26日、甲子園）。あのとき私、たまたまラジオで聴いていたら、田淵さんがピクリとも動かないという。口の悪い人は「死んだと思った」と言っていました。

衣笠　いや、本当にそう見えた。僕は一塁を守っていて目の前で見ていたから、どれほど怖かったか。すっぽ抜けたらしいけど……。

江夏　自分はベンチから飛び出していったけど、体じゅう痙攣《けいれん》だからね。噴水みたいに血が出ていて、近寄るのが怖かった。

衣笠　看護婦さんが飛んで来て、こんな大きなガーゼが瞬時に真っ赤だもの。プロ野球に23年いたけど、一番怖いデッドボールと言ったらあれ。本当に死んだと思ったよ。

余談だけど、あの次の回のトップバッターが俺だもの。1球目をコーンと当ててすぐに走ったね。もう絶対にぶつけられると思って、打ちたいと思わなかった。

二宮　仕返しがきそうですもんね。

江夏　田淵は、あれから3、4年は頭が痛いって……。

衣笠　あれさえなかったら、2000本安打に、ホームランは500本、いや600本までいっているだろうな。彼はあれからも6回か7回当たっているのよ。それで、いつか言ったことがある。「お前、ボールがここに来たら逃げろよ」って。そうしたら、ボールが来ると「動けなくなる」って。瞬間的に恐怖が蘇ってロックが掛かるらしい。

江夏　その後、日本ハムの大宮が顔面というか目に当たった。ボールの縫い目が見えたっていうんだから。目ぐらいつむれよって（笑）。

衣笠　僕は年間に3回ぐらい、ボールの縫い目がはっきり見えるということがあったね。

だけど、どうやって逃げたかは覚えてない。

江夏 やっぱりあとに残るような事故は残念だったね。水谷（実雄）もデッドボールでダメになったから。

衣笠 そうだったな。まだできたのにな、ジンは。

江夏 ジンちゃんは左ピッチャーが懐に行ったのをさばくのがうまかったからね。

衣笠 彼とは1年違いで広島に入って、二軍戦でたまたま野手が少なくて僕がセンターを守ったの。ライナーが飛んできて前に出たら、目測を誤ってバンザイして、彼はあれでピッチャーをクビになった。だから、あいつが言うわけよ。「お前が万歳しなきゃ、俺はピッチャーで20勝投手になってたかも分からん」と。こっちは「いや、俺があそこで万歳してやったからお前は首位打者も獲れたじゃない」って返すんだけど（笑）。

二宮 やっぱり人生は何が幸いするか分かりませんよね。

衣笠 彼は本当にバッティングがよかったから。

江夏 広島市民球場だったかな。唯一、あいつにホームランを打たれた。

衣笠 あいつに、豊は右中間に打たれている印象がものすごくある。アウトコースにカウント取りにきた球を、セカンドの頭を越えて右中間に運ぶ。彼はそのボールを逃さんのよ。俺も真似してやろうとするんだけど、ファウルになるんだ。

「俺が黒と言ったら黒」の世界

二宮 インコース打ちと言えば、昭和43（1968）年に広島に阪神から移籍してきた山内一弘さんも定評がありました。

衣笠 僕らも山内さんの最後の頃、一緒にやらせてもらったけど、ヤマさんが何を言っているかが分かるのに15年ぐらいかかった。もう難しいの。でも、現役時代はこれぐらい頑張らなきゃいかんという姿を僕らに見せてくれて、引退されてからも何回かコーチに来て一生懸命教えてくれたけど、理解できなかった。だって打ち方が全く違うんだもの。山内さんは独特な感性で打ってきた人だから、簡単に分かるようなもんじゃない。

江夏 技術の世界ってそんなもんだよ。だから、分かる人と分からない人がいるんだよね。いくら教わってもその効果が出なかったら、その人はやっぱり分からない。自分が上に行った人は分かるわけ。これが技術の世界だから。

二宮 山内さんはロッテに入団したばかりの落合さんに「お前の打ち方では打てん」と言ったとか。

衣笠 落合なんかは自分の世界がハナからあるのよ。だから、山内さんの言うことは理解できないわけ。関根潤三さんに教えてもらったときによく言われた。「衣笠、俺が黒だと言ったら黒だよ。グレーじゃないよ」って。「白でもない。俺が黒だって言ったら黒なんだ。そうでないとお前の中に俺の言ったことが入らないよ」って。

江夏 それがプロの世界、プロの世界だからね。アマチュアとか一般社会はカラスは黒で、白じゃない。でもプロの世界、技術の世界は、「カラスは白いんだよ」って言われたら白。

二宮 最近は「白いものは白いと言え」ですよね。「俺が黒と言ったら黒」なんてコーチがいたら大変なことになりますよ。

衣笠 これはもうアメリカナイズされてきたっていうことですよ。

メジャーリーグのコーチの仕事はなんですかと言ったら見ることで、教えることじゃない。いつも見ていて、何か聞かれたとき、アドバイスを求められたときに話す材料を持ってる人がいいコーチなんです。教えるのはファームのコーチの仕事。日本もそれに近くなってきているということだと思う。

二宮　水谷さんが広島のコーチ時代に、江藤（智《あきら》）に裸足で練習させて、江藤がキャンプのグラウンドから宿舎まで泣いて帰ったことがある。ホテルの人が慰めていました。

衣笠　そういう意味で言えば、日本の場合は、一軍コーチももっと教えなきゃいけないと思う。アメリカみたいに人数がいないんだから。そこのところは日本のコーチとメジャーのコーチの違いが昔はあったんだけど。

言葉の裏側にあるもの

二宮　話は変わりますが、選手のインタビューがみんな優等生みたいになってきていますよね。

衣笠　面白くも何ともないよね。ヒーローインタビューの受け答えなんか、もうちょっと教育したほうがいいかもしれないね。

二宮　どの選手も「最高でーす」と叫んでいる。

衣笠　「最高です」とか「明日も頑張ります」「応援、お願いします」って同じことばっかり。一生懸命やったら応援してくれるんだからお願いしなくてもいいんじゃないと思うんだけど、「応援、よろしくお願いします」って、なんか楽しくないよね。今日はこういう思いでこうやったらこうなったとか、そういうことを喋ればいいと思うんだけど、もう少し勉強して欲しいね。

江夏　オリンピックなんかでも今は、一番を取りにいく前に「楽しんで」って言って戦ってくる。あの「楽しんで」という意味が分からない。

衣笠　「楽しむ」という言葉の裏側に、何が付いているかを知らないのよ。だから、楽しむって簡単に言う。

有森裕子さんがオリンピックのマラソンで二大会連続のメダルをとったとき、「初めて自分を褒めたい」という言葉を口にしたよね。彼女が最初のオリンピックに行くときに、どれだけバッシングを受けたか。それが裏にあって、それにも負けずに頑張って二大会連続でメダルをとった、その自分を褒めてあげたいと、そういうことじゃない。だけど言葉の裏側に付いているものを口にしないで、表ばっかり言うの。

二宮　楽しむための資格というか、これだけのことをやってきたから、やっと楽しむ資格が身に付きましたよと。それは我々メディアの伝え方が足りないのかもしれませんね。ところで、衣笠さんも以前おっしゃっていましたけど、スランプって簡単に言うなと。3割打ったヤツとか、ヒットを2000本近く打ったヤツが初めてスランプと言えるんだと。これはなるほどと思いました。私たちもそれに引きずられてはいけない。

衣笠　そうなんだよ。キッイことを言うようだけど、「お前のはスランプじゃなくて、ただ力がないだけなんだよ」ということだよね。少なくても10年ぐらい試合に出続けて、それなりのところまでいった者にしか許されない言葉、それがスランプですよ。そんな1年や2年でスランプって「そうか、大変だな」って笑うしかない。

連続フルイニング出場が途切れたとき

二宮　スランプと言えば、2016年、阪神の鳥谷（敬）が正真正銘のスランプに陥って、連続フルイニング出場がストップしたという出来事がありました。阪神OBの江夏さんも、同じ経験をされた衣笠さんも随分、鳥谷については気にされていましたね。

江夏　不振の鳥谷を外す決断をした監督の金本もつらかったと思うよ。一つは、阪神という人気球団にいるっていうことだよね。周りが放っておいてくれない。監督がこんなこと言ってました、鳥谷がこんなこと言ってましたと、双方の耳にそういうことを入れる記者がいて、それに対して何か答えたら、とにかく新聞が売れるような活字にしてしまう。いかにも本人がしゃべったような感じで。それを当の選手が読んだらどう思うかだよね。

鳥谷にしたら、別に記録をつくるために野球をやっているわけじゃないんだよ。だから、何でこんなことであだこうだ言われなきゃいけないんだということに対しては、ものすごく葛藤があったんじゃないかと思うね。

自分の場合も、自分一人で投げて打って勝ったとき、「江夏、野球って一人でも勝てるんやな?」って言われて、「そうやな」って軽く返したら、これがもう「野球は一人でも勝てる」って俺のコメントとして活字になるんだから。江夏ってこんなこと言うヤツかと、そう思われてしまうよね。

衣笠　あのノーヒットノーランの試合（昭和48年8月30日）か。延長になって自分でサヨナラホームラン打って勝ったとき。

江夏　決してそんなこと言った覚えはないんだよ。

二宮　平成元（1989）年の日本シリーズで3連勝した近鉄の加藤哲郎投手が、「巨人はロッテより弱い」と言ったと。あれも後で聞いたら、ある記者が「巨人とロッテだと、ロッテのほうが強いんちゃうの？」と聞いて、「そうかな」と返したら、言葉が一人歩きをしてしまい、あれには参ったと加藤さんが言っていました。でも、それが原因で「今でも名前を覚えてもらっている」とも（笑）。

江夏　それがマスコミの怖いところだね。あれで3連勝、4連敗になったんだもんね。

二宮　連続出場がストップするときの気持ちというのは、衣笠さんが一番お分かりでしょうね。

衣笠　鳥谷も苦しかったと思うよ。もちろん金本もそうで、お互いに我慢し合っていたんだけど、ここで決断しなきゃいかんとなったわけよね。一番の理由は、やっぱり周りがあれ以上待ってくれなかったということだと思う。

江夏 あの頃、たまたま広島で鳥谷と会って、「おい、苦しいな」って聞いたら、ニコッと笑って「はい」と言っていたけど、そのニコッと笑ったのが、精一杯の意思表示だったのかな。「頑張れよ」と言って帰ってきたけど。使うほうもそうだけど、使われるほうはもっと苦しいと思うよね。

昭和54年のサチが、やっぱり連続フルイニング出場の記録がかかる中でスランプに陥って、思い出すよ、岡山で「今から古葉さんと話し合ってくる」と言ったときの顔を。

衣笠 こうやってそれを言われるときがくるんだからな。あんなことしなきゃよかったと思うよ（笑）。

二宮 で、どういう話し合いだったんですか。

衣笠 いや、もう「今日は休もうか」という話をされて、「分かりました」と。夜は眠れないし、本当に参っていたから、あれがベストタイミングだったと思うよ。あれ以上やっていたら、こっちの気がおかしくなっていたんじゃないか思うし。

江夏 あの頃、インベーダーゲームというのが流行っていて、サチが寝ていたら、夢の中であの上から落ちてくる爆弾みたいなのが飛んでくるんだと。それでサチがそれを打ち返そうとバットを一生懸命、振っているんだって言うのよ。あれを聞いたとき、これは相当苦しんでるなと思ったね。

衣笠　一生懸命バットを振るんだけど、全部、空振りだもの（笑）。

江夏　今でこそ笑い話になるけど、あのときは聞いたほうもたまらんかった。助けようがないんだから、こればかりは。

衣笠　あのときは全然眠れなかった。素振りしたりボールを打っているときだけ、ホッとするの。あの年は結局、5月の終わりからオールスターまで、ときどき出るくらいで基本、休んでいたからね。

ボテボテでもヒットはヒット

二宮　鳥谷の場合は金本監督と2、3回話し合ったようですが、古葉さんと衣笠さんの話し合いはどんな感じでしたか。

衣笠　もう1回だけ。というか、1回でよかったと思うんだよね。何回もやるとお互いに訳が分からなくなるから（笑）。

僕の場合は、「休もうか？」と言われて、「分かりました」と。もうこれ以上やったらおかしくなっちゃうぞというところまで追い詰められていたから、あとは「ありがとうございました」しかなかった。鳥谷の場合は状況が違ったのかもしれないけど。

僕は20年、試合で使ってもらったけど、スランプというのはあの1回しかなかった。だから、いい経験をさせてもらったと思う。それこそ、ベンチで座るところがないとか、腹減るんだなとか。そんなことだって経験できたのは、あの時期があったからだよね。

そんなことをしている間に少しずつ頭の中も心の中も、体もゆとりができてくるわけ。野球のことでも、ベンチに座っていたら、ヒットというのはカキーンといういい当たりだけではなくて、グチャッとかポテッっていうのもヒットはヒットかと分かってくるようになるんだよね。

野手の間をボテボテと抜けていって、あれもヒットかと。「俺、あんなヒットで喜んでいたかな？」と思うと、喜んでないの。その自分の高慢さに気がつくわけよ。ヒットなんだから素直に喜べよと。カキーンという当たりしか喜んでなかったそれまでの自分は高慢ちきだったのよ。

二宮　ベンチから見て、それが初めて分かったと。

衣笠　初めて分かった。自分の状態が悪くなればなるほど、そういうふうになる。ピッチャーだと、自分の思いどおりにいいコースに投げてアウトを取りたいという、あれと一緒よ。

真ん中に投げたのを打ち損じてピッチャーフライ上げてくれて、それもアウトはアウトなんだ。喜べばいい。ところが、真ん中へ投げてしまったということを後悔していたら、そこから出られなくなってしまうと思う。そういうことが、ベンチから野球を見ていると不思議と見えてくるんだよね。

二宮　いつもと違う角度から野球を見て、新たな野球に気づいたと。

衣笠　そう思う。ベンチに座って見ていることで、少しずつ頭にゆとりができてきたからじゃないのかな。

ショックだった「7番衣笠」

二宮　衣笠さんはいろんな打順を経験されましたけれども、一番下がったときは何番を？　鳥谷の場合は8番まで下がったわけですが。

衣笠　鳥谷も8番はショックだったと思うよ。打ったことないんだもん、そんな打順。僕の場合、一番下は7番だった。腹が立ったね、ほんとに。

それで、どうしてやろうか思って、何できるかといったら、古葉さんとケンカすることはできる。でも、ケンカしたらゲームを休まなきゃいけなくなる。それを考えると、やっぱり試合に出たいしとなるよね。でも、あの7番にはびっくりした。

二宮　なんで俺がキャッチャーより下なんだ？　と。

衣笠　あれは昭和54（1979）年のことだけど、53年は3番を打っていたわけよ。その翌年、なんで俺が7番打たないかんのかって。あの年は1番打ったり2番打ったり、揚げ句の果てが7番。これが一番ショックだったな。

もう一つあるとしたら、鳥谷が8番に下げられたとき、それを事前に言ってくれたかどうか。僕の7番のときは教えてくれなかったのよ。シートノックを受けていて、「あれっ？　名前がないぞ」と。今日は休みだとも聞いてないな思ったら7番目に名前が出てきた。

一瞬、どうしてやろうかと思ったほど愕然《がくぜん》としたね。だって、学生時代から7番なんて打ったことないもん。ただ、その前に2番という打順を経験していて、このときは直接、言われていたわけ。三村とか、大下さんがケガをすると、1番、2番に入っていたから。

二宮　衣笠さんは足も速かったですからね。

衣笠　いや、大したことはないんだけど、大下さんがケガをしたら1番、三村がケガをしたら2番に入った。その2番のときに勉強したことがあるの。

2番だと4打席あっても3打席はバントなの。昨日の夜、なんであんなに一生懸命バット振ったんだろうって、なるよね。そういう2番のときの経験が7番で生きたよね。自分の中に葛藤があるし、周囲からもああだこうだと言われる。そのときに気持ちを落ち着かせるというか、自分をうまいことごまかせるようになった。

二宮　鳥谷も内心は複雑だったでしょうね。

衣笠　本人の中ではそうだと思うし、それが正しいと思う。そう思わなければウソで、「俺ももう8番なんだな」と思うようじゃ、復活できんわ。

第四章

優勝の味、優勝の意味

——優勝して初めて分かることがある

カープ史上最強の2年間

二宮　セ・リーグでは広島の79年、80年、昭和で言えば54年と55年、その前には巨人の9連覇（昭和40〜48年）がありますが、あれ以降、日本リーズの連覇はないんですよね。
　あのときのカープは衣笠さん、山本浩二さん、そして江夏さんら、ベテランが軸となり、若手も育ってきました。

衣笠　投手陣では池谷もいたし、大野も。

二宮　野手では高橋慶彦さんもいた。２０１６、17年の広島も強いですけど、日本シリーズやCSで勝てない。多分広島カープ史上、一番強かったのはやっぱりあの２年なのかなと。イメージとしては〝大人の野球〟でした。

衣笠　でしょうね。元気のいい時代だし、メンバーもそろっているし。だから、前にも言ったように、54年は初めて日本一をとって、広島への帰り道で「来年、何をすればいいんだろう?」って江夏と話した。

それで、やっぱり、もう1年続けて勝つっていうことが本当の強さだろうと。だって、1年はまぐれだって言われるかもしれないけど、2年勝つとさすがに認めてくれるだろうと。だから、来年、もう1年勝たなきゃって、あのときに僕は思ってたの。だから、あそこで2年続けて勝てたっていうのはうれしかったな。

二宮　江夏さんは、古葉さんから調整は全部任されていたわけですよね？

江夏　任されていた。だから、カープのときは楽だったよね。一番困ったのは南海のときだね。初めてリリーフをやったとき、「調整は好きなようにしろ」と野村さんは言ってくれたけど、ナインが承知しなかった。

先発以外でベンチに入っているピッチャーは、1回からベンチに座って試合を見ているのが普通。だけど、それをやると腰や背中が痛くなるから、5回まではロッカーで休ませてもらうわけ。でも、それをすると、南海の野手連中から、江夏は勝手なことをしとるという声が出る。

野村のおっさんが、江夏はこういう調整法をするから、野手の連中も理解してくれよと一言、言ってくれれば批判も出ないのに、そういうことをやらないから、広瀬さんが怒ったわけよ。

「お前なにやっとんねん。試合はもう始まっとんぞ。みんな選手ベンチで野球見とんのに、何、ロッカーにおんねん」って。自分の仕事はこういう仕事で、調整方法は自分が任されているからと説明したら広瀬さんも分かってくれたけど、悔しかったよな、そのときは。だから、やっぱり初めてやるチームというのは、いろんな意味で難しいところがある。

衣笠 南海での江夏はパイオニアだったから、なかなか分かってくれないよな。

二宮 広島のときは古葉さんが江夏さんの立場を全部、話してくれていたわけですか。

江夏 多分そうだろうな。だから、そういう声は一切聞こえてこなかった。

二宮 江夏さんの場合、何回ぐらいの時点でマッサージして、何回ぐらいから準備してとか決まっていたわけでしょう。

江夏 1回が始まったら、トレーナー呼んでマッサージしてもらって、10分、15分うつらうつらして、4回、5回が終わったら着替えてベンチに入って1イニングは試合を見て、それからブルペンに行くというのがパターンだった。

二宮　それがいわゆるルーティンというか、仕事のリズム。
江夏　そう。出るのは8回、9回だけど、一応、7回からのスタンバイだよね、このリズムでやっていたから。
衣笠　江夏が出る、出ないっていうのは、その日の試合の流れでだいたい分かるよね。そのへんも含めて、広島のみんなは理解していたと思うよ。

全員が光輝いていたあの時

二宮　昭和54（1979）年の日本シリーズ第7戦の江夏さんと古葉さんの一件に話を戻します。古葉さんとの和解をどうするか。衣笠さんは動かれたのですか？
衣笠　いや、それはグランドを離れてやってというような感じだよね。だって、仕方ないじゃん。お互いにこだわっているものもあるかもしれないし、子どもじゃないんだから、周りがどうこうするという話でもない。
そうなると、僕らが入る余地はないよね。そこに僕が変に首突っ込んでも、こじれることはあっても、まとまることはないでしょう。

江夏　55年の開幕戦のときに、古葉さんにちょっと言ったことがあったけどね。「去年のシリーズの最後の試合のことで、ちょっと納得できないことがあるから帰らせてくれ」って。

二宮　古葉さんは何と?

江夏　いや、もういろいろ言っていたし、悪かったとも言ってくれた。自分としてはもうそれで十分だったね。

二宮　なるほど。あのときのカープは、江夏さんほどではないにしろ、皆、自我が強かった。決して傷をなめ合うようなチームじゃなくて、一匹狼としての強さがうまく融合したイメージがありました。

衣笠　そう。あのときのメンバーがとてもよかったのは、グランドの中にいるときは全員が光り輝いていたっていうことだね。グランドの中ではみんな同じ目的のもとに集結できる。そういいいチームワークですよ。グラウンドではみんなが光り輝いてなきゃダメだから。グランドを離れてからは、別に仲良し集団でいる必要はないわけ。それが見事にできていたんじゃないかな、あの当時のカープは。

二宮　プロは勝って和ができる、アマチュアは和で勝つと三原脩さんが昔言っていましたけれども、あのときの広島の強さというのは、まさに前者でしたね。

江夏　そうかもしれない。

ONの関係がお手本だった

二宮　決して一枚岩ではないけど、プロの仕事師が集まっていた。でも、それでバラバラにならずにまとまっていったのは、多分、衣笠さんや山本浩二さんという生え抜きの重しがあったからではないかと思います。衣笠さんの場合、江夏さんとは友人というより「同志」という間柄だったんではないでしょうか。

衣笠　とにかくあのチームは、自分のするべき仕事というものをみんな知っていた。そして誰よりも優勝したいという男たちが集まっていた。

二宮　でも、衣笠さんがいなかったら、江夏さんはやりにくかったでしょう。

衣笠　もちろん、人間だから性格とか相性とかそういうものはあるかも分からないけど、別に誰かがいたからうまくいったというのは結果から見てそう見えるだけで、僕はそいつがいなきゃいないで、またうまいことはまるもんだと思うけどね。

二宮　チームというのは生き物みたいなものなんでしょうね。その都度、姿や形を変える。チームが生命体なら選手は細胞でしょうね。

衣笠　多分そう思う。あんまりそれをどうだこうだって考えたことはない。ただ、江夏には江夏のいいところがあるし、浩二には浩二のいいところがある。慶彦とか長嶋（清幸）とか光ってくる若手がいる一方には、大下さんとか三村とか、俺は俺の道を行くよっていう、そういう光り方をする人もいる。

だから、あの当時のメンバーを一言で言うと、僕は本当に職人さんが集まったなっていう感じがするんだよね。一番職人でないのは僕だったかもしれない。

そういう話で言うと、これは初優勝の昭和50年のときにつくづく思ったことがあったの。というのは、僕らは王さん、長嶋さんをずっと見て育ってきたわけ。で、巨人のV9というのは何でできたんだろうって考えてみると、当時の川上哲治さん、牧野茂さんをはじめいろんな人が管理職にいて、選手では王さん、長嶋さんが上にいて、ここの横に森（祇晶）さんがいて、柴田（勲）さん、土井（正三）さん、黒江（透彦）さん、高田（繁）さんがいると。

あれだけ個性の強い人がそろっていて、9年間勝ち続けたというのがすごいと思うよね。あれだけのメンバーがいたから勝ったんだと言う人が多いんだけど、じゃあ、それをどうやって回転させたんだろうということだよね。

そうやって考えているうちに思ったのが、王さんと長嶋さんって全く性格の違う人なのよ。だけど、この二人がケンカしないいんだよね。それで、それぞれの下にちゃんと人がついているわけ。

具体的に言うと、行く喫茶店も違うというか、それぞれの喫茶店に行くメンバーも、違うメンバーが行くのよ。だけど、そうであってもこの二人は絶対に競わない。それを僕は50年の初優勝のときに覚えた。

二宮　山本浩二さんと衣笠さんが行く喫茶店は違っても、競うわけじゃないと。

衣笠　絶対、競っちゃいけない。汽車のレールと一緒で交わることがないのよ、性格も違うし。だけど、浩二は本当に渡し船に乗って、あの県営球場へ行ってカープを応援していたヤツなの。ここのところの基本は忘れちゃダメなの。あれだけは、やっぱり僕はどうやっても勝てない部分。彼は広島生まれで広島育ちの生粋のカープファンなの。僕は京都から来て18歳からしか広島を知らないんだから。

二宮　往年のスター選手、小鶴誠さんが最後に広島に移籍してきたときも見に行ったって、山本浩二さんから聞いたことがあります。

衣笠　そう。だから、彼は根っからカープファン。そこのところを踏み込んでしまうと、もめるよね。そこだけは本当にそう思っていた。

優勝への渇望——昭和48年の嫌な思い出

二宮　広島生まれの広島育ち。後にも先にも〝ミスター赤ヘル〟は山本浩二さんだけです。一方で、カープが強いときは、昭和50年に優勝したときもそうですが、ルーツ監督やホプキンス、シェーン、トレードでは大下さん、宮本さん、渡辺さん、三輪（悟）さんなど、外からいい人材が集まりました。
54年、55年のときもよそからやってきた江夏さんや福士さんらが大活躍した。外国人はジム・ライトルにヘンリー・ギャレット。つまり、外の血を入れたときのほうがチームが活性化はするのではないでしょうか。生え抜きと外様のバランスが大事ですね。

衣笠　どちらかというと、そういう傾向があるのは確かだね。足りないところを補うというのは外国人を取るのと同じことだから。そうやって初優勝からの3年はあれが足りないこれが足りないと埋めてきて、最後のピースが江夏だったということ。あの2年間は本当に適材適所で、いいメンバーがそろった時期でしょうね。

二宮　特に昭和54年の日本シリーズはドラマチックで印象に残っていますけど、翌年も近鉄相手に4勝3敗なんです。広島は過去、三度日本一に輝いていますが、勝ったときはすべて4勝3敗です。

江夏　54年は、途中まで巨人と中日と広島と三つ巴でいったんだよね。それで忘れもしない7月の暑くなってきたとき、サチが俺に「今年、カープ、優勝する年だから」と言ったんだよ。

「えっ?」って思ったよね。こっちは優勝した経験がないじゃない。だから、本当にこのチーム、優勝できるのかと思ったもん。でも、彼ははっきり言ったからね、優勝するだろうって。あの一言は、トンカチで頭を殴られたみたいに強烈だったよね。

衣笠　豊に優勝の経験がないっていうのは、あのときまで知らなかった。阪神か南海のどちらかで、とっくに優勝を経験しているものと思っていたから。

江夏　酔っぱらって言ったんじゃないから、普通の状態であれだけはっきり優勝と言ったのにはほんとに驚いた。

二宮　江夏さんも阪神でぎりぎりのところまで行きながら勝てなかった。南海でも優勝できなかったということで、優勝への思いは年々強まっていたのではないでしょうか。

江夏　そりゃあもう当然、優勝したかった。高校の3年間、プロに入って12年間、優勝というものを経験してないんだから、優勝のゆの字も分からないんだよ。阪神のとき、あと一つ勝てば優勝というところまでいったけど、あんな嫌な出来事があって……。

二宮　江夏さん、日経新聞の「私の履歴書」でも述べられていましたが、昭和48年の優勝まであと1勝のときのあの事件ですね。これもご存じない読者の方がいらっしゃると思いますので、ちょっと説明をしておきます。

日経新聞をなぞると、昭和48（1973）年10月20日、2試合を残して優勝マジックを1とした阪神。中日戦のマウンドに立ったのは、この年24勝で最終的に最多勝のタイトルを手にする江夏投手でした。しかしその試合前日、江夏さんは呼び出され……。

江夏　球団社長に呼び出されて、勝ってくれたら困ると、金がかかると。こっちは、それこそ明日勝って優勝を決めたら賞金でも出るのかなと、そういう話かと思って行ったわけよ。それが「名古屋で勝ってくれるな」だからね。

もう球団のお偉いさんの前で、ふざけるなと机をデーンひっくり返して。あの出来事というのは、やっぱり自分にとっては本当につらかったね。

二宮　寂しい話ですね。憮然《ぶぜん》として席を立ち、こうなったら絶対に勝ってやると思ったと……。

江夏　それで力んで打たれた。そういう嫌なこともあって優勝の味を知らなかったから、余計にサチの言葉が響いたのかもしれんね。

本当に自分には優勝なんていうのは縁のないものだという諦めの気持ちと、でも一方には何がなんでも優勝したいという気持ちと半々だったもんね。それが優勝できるぞ、するぞって言うんだから、これはもう強烈だった。

優勝の味は「うれしい」の一言

衣笠 でも、現実に優勝してみてどうだったの?
江夏 どうだったと言われると、「うれしい」しかないわね。
衣笠 その一言だよな。
江夏 うん。サチは昭和50年に1回経験してるけど、俺は全く初めてだから。高校時代に優勝したことあんの?
衣笠 ない。京都では勝っているけど、甲子園で勝ってないもん。
江夏 京都では優勝しているの?
衣笠 うん。京都では勝ってる。
江夏 大したもんだよな。

衣笠　勝たないと甲子園に出られないから（笑）。

江夏　甲子園は何回出た？

衣笠　２回。

江夏　２回も出てんの？

衣笠　春と夏と。

江夏　植木（一智）と？

衣笠　うん、植木とバッテリー組んだ。あのピッチャー、よかったんだから。でも、僕は50年に優勝して初めて分かったのよ、なんで一生懸命頑張らなきゃいけないかの意味が。

江夏　実際に優勝してしまえば、こんなもんかと思うのもあるけれど……。

衣笠　でも、うれしかっただろう。

江夏　やっぱり、「うれしい」の一言だよね。

優勝しなければ分からない「野球をやっている意味」

衣笠　だから、やっぱり選手を育てる上で、最後の階段があるとしたら優勝なんだよ、ほんとに。

リーグ戦の中でだんだん育ってくる選手がいるでしょう。この選手、どこまで伸びるかなと、僕らも見るよね。ところが、チームが勝たないと本当のところが分からない。優勝のチャンスがきたときに、その選手がどんな働き方をするかを見たい。

江夏　確かにそこで分かるね。

衣笠　そして、勝ったときにその選手がどう変わるか、そこが一番見たいね。

二宮　優勝することで、その選手が次のレベルまでいくのか、いかないのか。そこが見えてくると？

衣笠　そう。野球というのは、何を目的にやっているんですか？　と問われれば、結局、優勝なのよ。それしかない。それしかないけれど、その本当の意味が分かるのは、優勝したとき。優勝しなければずっと分からないままなの。

二宮　頂点に登らないと見えない風景もあるんでしょうね。

衣笠　そう。だけど、優勝しても変わらないヤツがいるわけ。そういうヤツを見るとがっかりする。もう1段、このチームの中で上がらなければダメなのに、相変わらず階段の同じところにいるのを見ると、ものすごくがっかりする。

江夏　忘れられないのは昭和53年、広島に来た1年目のとき。あの年はヤクルトが優勝するんだけど、もうマジック2か3ぐらいになっていて、市民球場でヤクルト戦があった。

ヤクルトの練習の時間が来て、みんな外野を走ったりするじゃない。そのとき、オレとジンタが体操してるところへ若松（勉）がピューッと走って来て、「おい、豊」って。「何やねん」と言ったら、「おい、優勝や」って言う。「おお、よかったな」って言ったら、「おい、豊、優勝の瞬間、俺、どんな顔してたらいいんだよ？」って若松が真剣に聞くわけよ。広島の1年目だから、こっちはまだ優勝経験ないのに、知るかよって。

二宮　若松さんもあのときが初めての優勝でしたもんね。

江夏　ヤクルト自体が初優勝だから、若松も当然初優勝。
　あのときは、優勝してない俺にそんなこと聞くな、と思ったけど、やっぱり自分が54年に経験したときは、優勝の瞬間、どうすりゃいいのかなって、それは考えたもんね。

ポーッとしていた優勝決定のマウンド

二宮　昭和54年のリーグ優勝が決まった阪神戦、よく覚えています。最後はマウンドへ江夏さんがマウンドに上がって、高橋慶彦さんがエラーして、マウンドまで行ってしきりに謝っている。こりゃ、どうなるんだろうと……。
江夏　あのとき、生まれて初めて夢遊病者みたいに、フワーッとしてマウンド上がったんだよね。8回ワンアウトから出ていったんだけど、あの時点で2対1だったわけよ。で、8回表を抑えて、その裏、ギャレットがバックスクリーンにカーンと放り込んで4対1。
　あと1回や。3点や。これはもう100パーセント抑えられる、抑えたら優勝やと思った瞬間、もうポーッとした。

あんなのは生まれて初めて。だから、あのとき、9回表のマウンドへ上がったときの感覚を全然覚えていない。あのとき出てきたバッターが代打・川藤（幸三）。川藤なんて目をつむっていても抑えられるんだけど、可愛いヤツで抑えるのもかわいそうだからと、いつもはデッドボールで歩かせてやったり。

二宮　いくら可愛い後輩といっても優勝のかかっている試合です。

江夏　あのときはもちろん勝負にいったんだけど、カチーンとツーベース打たれたんだよ。それがきっかけで、そこからコンコン打たれて結局、2点取られた、途中でエラーもあったけど、自分もポーッとしていたから。いや、やっぱり優勝っていうのはすごいことよね。

二宮　古巣の阪神相手だったというのも、不思議なめぐり合わせですね。

江夏　昭和54年の10月6日か。あの試合はやっぱり忘れられんよね。

二宮　エラーした高橋慶彦さんには何と声を掛けられたんですか？

江夏　あいつ泣いとるんだもん、ごめんなさいって涙浮かべとるんだもん。怒るわけにいかんじゃない。でも、勝ったから、それもいい思い出。勝負事っていうのは、勝って初めていい思い出になるんだよ。

だから、プロで18年間やってきて、カープの3年のうちの2回、日本一になった。これは最高の思い出だよね、勝ったっていうことは。

みんなが喜び合える。それが優勝の意味

衣笠　結局、何回優勝したの？　日本ハムでも勝ったよな？

江夏　そう。全部で3回。

衣笠　3回勝ったのか。それはよかったよな。長いことプロ野球にいても、一度も優勝できない人もいるんだもん。

江夏　そういう人もいるよな。だから、自分は幸せもんだよ。それもこれもやっぱりカープに行ったおかげだもんな。

衣笠　個人的には素晴らしい成績を残しているのに優勝のチャンスがなかったという人

も、中にはいるの。僕は自分が経験ができたからって、そういう人のことを言うのは申し訳ないけど、気の毒だと思う。やっぱり優勝しないと、プロ野球選手の本当の喜びっていうのは分からんもんね。

二宮　確かに、名選手と言われた人の中にも一度も優勝を経験されていない方がいらっしゃいます。

衣笠　優勝を経験すると、「何のために一生懸命、頑張るんですか?」って聞かれたときに、「それは優勝するためでしょう」と心の底から言えるわけ。そう言うと、「また、そんなきれいごとを言って」と笑う人もいるけれど、「この人、話、通じないな」と思うもの。経験のない人には分からないのよ。

江夏　勝てばみんなで喜べるんだよね。主力であろうが、脇役であろうが、控えであろうが、裏方であろうが、みんなが喜び合える、これが優勝なの。

衣笠　そのとおり。全員が笑顔になれる。それは優勝以外にない。2位にはそれがない。野球をやってきた意味が、優勝して初めて分かるんだよね。

編　　集　飯田健之
編集協力　松山　久
DTP制作　三協美術

昭和プロ野球の裏側

友情と歓喜のドラマの裏に何があったのか？

2018年4月12日　第1版第1刷

著　者　衣笠祥雄　江夏 豊　二宮清純
発行者　後藤高志
発行所　株式会社廣済堂出版
〒101－0052　東京都千代田区神田小川町
2－3－13　M&Cビル7F
電話 03-6703-0964（編集） 03-6703-0962（販売）
Fax 03-6703-0963（販売）
振替 00180-0-164137
http://www.kosaido-pub.co.jp

印刷所
製本所　株式会社廣済堂

装　幀　株式会社オリーブグリーン
ロゴデザイン　前川ともみ＋清原一隆（KIYO DESIGN）

ISBN978-4-331-52151-9 C0295